世界攝一圈

冰島 夢幻絕景

出走大世界　極地攝一圈

自序一

一張相片 冰島結緣

很久以前，在網上看過一張瀑布相片：峽谷內玄武岩緊扣並列，形成六角柱圍牆，流水從天飛降，直墜百尺深崖，那壯麗詭奇景色震懾人心，雖然名字也未知，但畫面深印腦海，久久未能忘懷，沒想過幾年之後，因著攝影，可以親身踏足仙境，親手觸摸那片土地，呼吸那股空氣，自此對冰島念念不忘，年半內，竟然大膽出走 4 次，為了看盡她的神秘面貌。

攝影這回事

出版前的半個月，我們還在冰島探索，為的是拍攝繁花盛開的夏天冰島，可是因倉卒成行，準備不足，輕視了天氣變化，冰島依然寒冷大風，衣服和裝備不夠，導致飢寒交迫、餐風飲露，車到那裡就睡到那裡；有時為了趕行程，凌晨 3 點還未吃飯，然而不落的太陽、雲彩掛滿天、奇異的景觀、壯美的場景，都是我們創作的動力。攝影這回事，都是滿身泥濘，而不是扮晒黎明，戰友甚至意外被熾熱泥漿燙傷，也摔壞了幾萬元的器材，但為了一份執著，一切也在所不惜。

景點與文化

我們以冰島華麗的極光為序章，希望吸引讀者進入冰島的奇幻國度，再以東南西北描述冰島美景，包含 28 個章節，使讀者可順序環島一圈，亦可自由揀選目的地，再加入 24 個絕美秘點以豐富內容，書中除了推介很多特式地標、美食餐廳、高質酒店和優美營地等等，也述說冰島文化和歷史故事，期望讀者有更深入認識。此外，書末的攝影技術篇和濾鏡使用篇，讓你能掌握適當技巧，拍出動人的照片。

最大的誠意

書裡集結了我們過去 4 次行程經歷，還有很多難忘回憶，讓大家可以更投入閱讀，認真地說，這書實在得來不易，一切都是以汗水和努力拼搏回來；雖然圖文撰寫只用了兩個月，但資料搜集和實地考察卻花很長時間，盼望讀者能夠細閱，感受當中的誠意和堅持。

作品和獎項

3 年前首本著作《香港攝一圈》，靠賴讀者愛戴，廣受歡迎，加印第 5 版，售出近萬冊，連同續作《香港攝 2 圈》，慶幸獲得香港出版界最高榮譽「雙年獎」和「金閱獎」，及後的《香港遊玩攻略 88》也大獲好評，實在感謝大家支持。

合作伙伴

多謝 H&Y、Manfrotto、OTG 創動樂、Nikon、Columbia HK、Gopro 等合作伙伴，沒有他們的優質器材及服裝供應，可能無法完成這個冰島任務。還要感謝萬里機構的 KK、Alvin、Alfred、Ame 及 Carol 的努力不懈，特別感謝百忙抽空的旅遊界前輩朱翁為本作寫序，以及鳴謝兩地旅行社 Claudia、Ronnie、Joy、Karolina、Shirley 等大力協助。

聯 C 兄 @ 流浪攝
28.6.2018 凌晨 3 點

自序二

轉眼 4 載，要生第 4 個了，為甚麼沒有比之前容易？因為我們都是執著和
認真的，希望把最好的給大家，到今天 7 月 4 日了，距離書展只有
14 天，還在改稿改相片，辛苦晒萬里機構團隊，一直力撐我們！

短時間內踏足冰島 4 次，除了 2 次帶團，另 2 次自駕環島，
一次 15 天一次 11 天，都是用意志去完成的。為了完願，
上星期剛從冰島回來，為了拍攝漫山遍野野花盛開的夏
季冰島，為這書添上更多豐富色彩。我們每天在嚴寒
大風的天氣下作戶外拍攝，依著密密麻麻的計劃表去
奔走，吃飯睡覺都放在次要，跑完景點拍攝才是重
要，每天只能睡 3-6 小時，經常都在途上靠吃麵包，
長途駕駛靠互相說話，靠吃零食以維持精神，衣服
鞋襪每天佈滿泥濘，披頭散髮地遊走於相片中的美
景，哈哈……

說實每年出書都不是我寫的，都是首領一人獨擔，辛苦晒
了！而我只負責整理相片和資料，協調出版社和我們之間一
切，走走趲趲之類的，也足以要幾星期連開夜車，日間又有
工作，是很折磨人的！而我們到今天還在整理相片，希望將更
多的放在書內，雖然現在已有 50 多個點，可是還有更多，因著時
間及篇幅未能放上，希望你們能夠透過相片及文字，欣賞到神秘而美麗的冰
島，也感受到我們的努力、堅持和熱誠，以及對攝影的熱愛。流浪攝 6 年走到
今天，全賴支持我們的朋友，很多的分享會和工作坊都反應熱烈，我們會繼續
不同的攝影班和海外攝影團，和大家一起到處留下足印。

多謝一路與我們同行的合作夥伴給予無限支持，令我們得以走得更遠！多謝
曾經幫助我們的幾位前輩們，一直支持鼓勵及提點我們！多謝同學會的同學
們，經常一起影飽食醉！真感謝！

露伊 @ 流浪攝

2018.07.04 清晨 5am

4

代序一

偶然的機會，認識「流浪攝」組合。他們也是旅遊、攝影、出書的。

但他們和一般的旅遊、攝影、出書者不同。他們選「流浪」，喜歡到僻遠、少人到、也少人知的地方去旅遊。他們三人成行，輕裝簡從。要停便停，要留便留。甚至留宿山頭，為的是等那一刻美景。

他們有好的攝影裝備，也具有攝影的知識與技術，可攝出吸引人的照片。所以他們出版的書，值得欣賞，更值得保存。

朱維德先生

資深旅行家及電視主持

2018 年 6 月剛遊東歐半月回歸

代序二

不知道從哪天開始，香港像是一位披著面紗的少女，永遠看不清她的容顏。直到某一天，我在臉書上看見流浪攝的一張相片——少女的面紗被掀起了，那一份通透靈動的感覺，瞬間洗滌了我的心靈。因此，我立即邀請流浪攝撰寫《香港攝一圈》，就是想讓更多的人看到香港的真容。而此書的空前成功，印證了一眾市民對香港的愛慕之情有多強烈。《一圈》之後是《香港攝2 圈》，補充了前作未能盡現的各種香港美態。這套書合共兩冊，除了叫座，亦同時叫好，在兩年間，分別獲得了「香港出版雙年獎」及「香港金閱獎」的殊榮，又再證明只要有好的書，還是能夠獲得讀者的青睞。

香港因為是空氣問題，披著面紗的少女才會出現。很多國家，我同樣覺得是披著面紗的少女，但原因只是我不熟悉那個地方，陌生的事物總會使人產生這種感覺。而這一次，流浪攝又幫我掀起了冰島的面紗，謝謝。

編輯　Alvin

目錄
Contents

用我們的誠意，
帶你們看真．
冰島……

序章

夢幻北極光

隨緣的快樂

極光是一場不可預期的光影舞蹈表演，縱然指數有多高，任憑你狂追幾百公里，如果欠缺運氣和緣份，都未必能夠遇上。看到的人不一定幸福，但肯定感到快樂，當極光發生一剎，時空好像凝住了，脈搏奔流，畢生難忘，歡騰和感動難以言喻，敬畏天地的心油然而生。

極光簡介

極光的英文是 Aurora，亦是羅馬神話中曙光女神的名字，又有稱極光為舞動的精靈，為變幻莫測的極光添滿神秘感。沒有打算從深奧的學術角度解釋，只簡單幾句說明甚麼是極光：在北極和南極的高空中，帶電粒子和大氣原子強烈碰撞，形成發光現象。而冰島整個國家都在極光帶內，所以在天清無雲的晚上便有機會看到。

極光季節

極光一年四季都可能出現，甚至在日間也會發生，不過被太陽蓋過了，所以在漆黑和無雲的晚上較易看到，簡單來說，只要見到星就有機會，而冰島 9 月到翌年 4 月，日照時間較短，比較適合觀賞。有人誤以為月亮高掛的晚上，一定看不到極光，其實不然，只要極光不是太弱，有月的夜晚仍可見到，反而月光把地景照亮，更加有利拍攝。

參考資料

冰島既然是個極光熱門地，官方天文台也
提供很多資訊，請參考網頁：en.vedur.is：
www.aurora-service.eu

另有一些實用手機程式方便使用：
My Aurora Forecast（IOS & Android）
Northern Eye Aurora Forecast（Android）
Aurora Now（IOS）

圖 1 雲量覆蓋圖，白色區域代表無雲，綠色
是低層和中層雲量。預報 3 天的極光指數，
0 為最低，9 是大爆發，但 0 不代表一定完
全沒有。

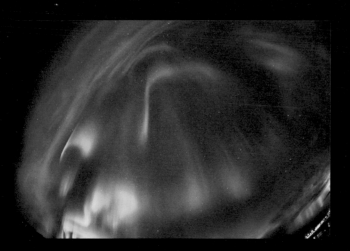

拍攝技巧

既然千里迢迢來到冰島，若幸運地碰上極光，就要好好把握機會，掌握一定技巧，可輕易地把她的優美姿態捕捉下來。

鏡頭：主要用大光圈廣角鏡，使用腳架，快門線。

濾鏡：不用濾鏡

構圖：盡量拍出極光的廣闊，以較特別的地景襯托，例如小屋、人物，石景。

設定：M mode， ISO 800-3000，光圈 2.8-4，快的快門速度（2-5 秒）可拍出動
　　　感，較慢的快門（8-20秒）：拍出柔和的極光。設定需要視乎極光亮度調節。

對焦：如有遠處的燈光，可以對燈，如沒有，可調無限遠，但每支鏡頭都有不同，
　　　通常需要微調少許，建議日間測試鏡頭最準焦的位置，然後在鏡身做記號。

其他：另外把相機螢幕調至較暗，不要使用自動亮度。

安全事項

晚上外影必須注意安全，保暖和照明尤其重要，遠離城鎮的馬路一般沒有街燈，切記不要停車在路邊，或胡亂走出車路，就算是泊車在避車處也有一定危險，應該停在停車場等寬闊地方，事實上冰島不時有交通意外發生，造成嚴重人命傷亡。

推介地點

西面的教會山、北部米湖、南區的黑沙灘和冰河湖，還有近東的斯托克尼斯。

西部

首都雷克雅未克充滿活力和歡樂，精緻美食令人垂涎三尺，建築群華麗非凡，而西部斯奈山半島集各種景觀於一身，教會山和南邊海岸最為動人，被譽為冰島美麗縮影。

01
草帽山
Kirkjufell

冰島

斯奈山半島又名雪山半島，向西伸延約 90 公里，風景包羅萬象，包括冰川河流、火山地理、地大物博，高山低谷、沙灘海岸和漁村小鎮等，集合冰島各種面貌於一身，斯奈山半島可說是「小冰島」，是 CNN 推薦人生必去景點之一。

拔地而起草帽山

Kirkjufell Mountain 是斯奈山半島最著名景點之一，字義是教堂或教會，所以又稱教會山，由於位置偏遠，附近的格倫達菲厄澤小鎮只有較簡單的 Guesthouse 而沒有具規模的酒店，所以一般旅行團不會到訪這個地方。草帽山外形尖削，高 463 米，好像一個金字塔，地質紋理清晰，坐落在 Snæfellsnesvegur 路旁，下車走 5 分鐘就能找到山腰最佳拍攝位置，最特別是前方有河流形成的 Kirkjufellsfoss 瀑布，從雪白的山坡流向低地，以美瀑作前景拍攝是最美的構圖方式。此外，雪地上行走應特別留心，慎防滑倒和跌入深坑，也不要走到崖邊，因為雪並不穩固，容易崩塌。

🎯 **創作名場面**

　　法國名著《地心探險記》形容斯奈山半島的火山是地心入口，美劇《權力遊戲》展現了草帽山奇幻一面。

1	2
	3

1. 雪地名勝 /2. 一群鴨子 /3. 羊腸之路

21

繽紛小城 景致迷人

不得不提是沿海小鎮 Grundarfjordur，人口只有 1000，範圍不大卻五臟俱全，港口泊著漁船和觀光遊輪，方便出海釣魚、賞鳥和觀鯨。小鎮在夏天舉行熱鬧的嘉年華會，各家各戶都會把小屋和自己打扮成不同顏色：紅、藍、黃、綠，共度一個美好的時光。熱鬧小鎮在晚上換成寧靜村莊，特別是日出前的藍色格調，平安寂靜、遠離塵俗、與世無爭是最適合的形容。

奇峰日與夜

除了瀑布景色外，草帽山還有兩個絕景，一是晚上的無盡星光，夜空澄明清淨，遠方天際接近零光害，星羅棋佈之美比新西蘭蒂卡波湖更甚，第二是日出時的日照金頂，晨光一線把尖峰染成嫣紅，期後轉為金黃色，襯托天地的白雪，一切有如夢幻般景象。

1		3
2	4	5
	6	7

1. 金頂日出 /2. 藍調夜色 /3. 壯闊山河 /4. 近看瀑布 /5. 幾何冰塊 /6. 繁星滿天 /7. 攝影人背影

草帽山之約定

冰島天氣變幻莫測,特別是鄰近北部地區,記得我們出發教
會山前下著大雪,到達後立時轉晴,配合黃昏的暖和色溫,
一切美得難以形容,怎料拍完後再次下雪。我們知道它在四
時也有不同景致,春夏水盛澎湃,花開遍地,秋冬白雪紛飛,
蓋上神秒面紗,我們 3 次到訪草帽山,拍下很多動人照片,
就是沒有拍過極光,或許這是舊地重臨的最佳理由。

1	2
3	4	5

1. 奇異雲朵 /2. 同學留影 /3. 良辰
美景 /4. 航拍聖山 /5. 別致旅館

郵局變酒店
這裡有座兩層高的
特色酒店 Old Postoffice
Guesthouse,顧名思義前
身是郵局,新址已搬到遊
客中心對面。

02

阿爾納斯塔皮
Arnarstapi

冰島

阿爾納斯塔皮是昔日貿易港口，繁榮興盛，
也是漁業的重鎮，如今轉為旅遊熱點，
擁有世界級的海岸奇觀，也有一段
戲劇性的歷史和傳說。

1. 蔚藍全景 / 2. 奇特
海洞

唯一的連環殺手

未介紹風景之前，先說說故事， Hellnar 附近的一個石堆，旁邊木牌上寫著「Axlar Bjorn」，任何冰島人聽到這個名字，都會顯露極度不安的情緒，因為那是關於一個駭人聽聞的恐怖事件：Axlar Bjorn 住在斯奈山半島，在一個農場工作，某天他夢中被呼喚，要爬到山上取一把斧頭，自此這就成為他的殺人兇器，第一次犯案時只有 15 歲，精神怪異的他後來殺人多達 18 個，包括農夫、旅客和小童，手法十分兇殘，1596年被捕後判死刑，成為冰島唯一被揭發的連環殺手。

海岸步道 廣闊無垠

阿爾納斯塔皮全是火山溶岩地帶，造就了千奇百怪的地形，沿海步道可以一窺全豹，一座座岩漿石柱破水而出，外表巖巉起伏，石頭節理清晰可辨，頗像澳洲十二門徒石，常有海鷗盤旋不斷，也有長出青色的地衣。石柱旁有個小港口，有

> 🎯 **冰島漁業**
>
> 冰島憑藉先進技術和先天地理因素，一直是歐洲漁業領先國家之一，亦成為冰島經濟重要部份。每 37 個冰島人，就有一個從事漁業，捕獲的魚類主要是比目魚、鯡魚和鱈魚，肉質新鮮嫩滑，令人回味無窮，在大部份餐廳都能品嘗。

家漁類批發公司 FMIS，竟佔全國一半的供應
量，而阿爾納斯塔皮只是它其中一個市場。

論當地最注目的自然奇工，一定是圓拱石橋
Gatklettur，它與 Dyrholaey 不盡相同，範圍
細小得多，卻可站在觀景台近距離接觸，水
退時甚至可以去到石灘近觀，看看驚濤巨浪
如何把一幅雄偉岩壁侵蝕至旋渦形狀。

星戰地貌 Londrangar

稀奇景觀不是 Arnarstapi 獨有，5 分鐘車程以外的 Londrangar 風景有過之而無不及，初次到來以為是星球大戰電影佈景，崎嶇不平的海岸線由近到遠，海中巨柱以石破天驚之勢隆起，屹立不倒在狂風巨浪之間，大海無邊無際，懾人心神，震撼不已。試過在暴雪紛飛的時間到達，狂風大作、飛沙走石，雪地捲起重重白浪，場面有如世界末日，真是難忘的經驗。

1	2	5
	3	
4		6

1. 雀鳥群居 /2. 晴天萬里 /3. 海景步道 /4. 風雪飄渺 /5. 星戰場景 /6. 同學合照

🎯 巨人傳說

Arnarstapi 入口有個巨像，是著名藝術家用石塊堆疊出來的，來記述一個巨人 Baroar 的經歷，故事篇幅甚長，也很深奧，有冰島人視他為守護者，很多地方都以他的事蹟而命名，可知其影響力。

29

03

Reykjavik

雷克雅未克

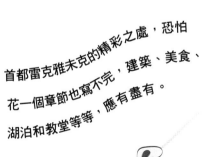

首都雷克雅未克的精彩之處，恐怕花一個章節也寫不完，建築、美食、湖泊和教堂等等，應有盡有。

最環保城市

冰島文 Reykjavik 一字頗為有趣，意思就是煙霧瀰漫的港口，大概是因為地熱區和溫泉造成的白霧，引發古人念頭而命名。後來又因市內主要以地熱能源發電，溫泉又能供應源源不絕的熱水，所以幾乎不用石油和煤炭製造能源，既可保護環境，又是綠色再生，所以污染極低，得天獨厚的雷克雅未克，贏得「無煙城」的讚譽。

穿梭機教堂

哈爾格林姆教堂高 73 米，穿梭機外形直插天際，是冰島最大的基督教教堂，內裡富麗堂皇、莊嚴典雅，外牆設計靈感源自斯瓦蒂瀑布的六角柱崖，是全國最有代表性的建築之一。

1	2
	3
	4

1. 雷市全景 /2. 藝術裝置 /3. 著名音樂廳 /4. 穿梭機教堂

托寧湖

走過繁華的街道後，可以來到碼頭附近的托寧湖，鬧

中取靜，有美麗白天鵝和鴨子徘徊左右，湖被一座座北歐建築群簇擁，色彩鮮艷，獨具一格，吃喝玩樂過後，靜靜地漫步湖畔，是最貼近悠然生活的方式了。

珍珠樓

第一次來到珍珠樓，是貪圖她建在山崗上，頂樓可以展望整個雷市，也為著天台餐廳美食慕名而來，尤其是鱈魚，似乎特別新鮮。珍珠樓外貌像個煤氣鼓，六個圓柱體排成六角形，中央部份以天然採光，既環保，又實用，常會展出冰島特色地道文化，門前有幾個有趣人形雕塑，不少人都會在此留影。

🎯 購物街

旅遊購物是指定動作，尤其是預備手信給親愛的家人和朋友，Laugavegur 步行街必能滿足你，地道服裝、精美朱古力、陶瓷公仔、極光文具、火山黑鹽和熱門禮品等應有盡有，加上地點極為方便，美食店和咖啡館林立，應該可以消磨半天。

1	3
	4
2	5

1. 天鵝之舞 /2. 珍珠樓繁花盛放 /3. 航行者與旅人 /4. 精品琳琅滿目 /5. 市內一景

太陽航行者

1986 年，當地藝術協會舉辦雕塑競賽，來紀念雷市成立 200 週年，藝術家 Jon Gunnar Arnason 的作品勇奪冠軍，以不鏽鋼鑄造的雕塑是一艘夢幻之船，象徵希望、自由、進步、光明和開拓新領域，就如冰島人一樣堅毅不屈，可是當雕塑落成的那年之前，設計師因血癌病逝，無緣親身見證這個時刻，有人以為太陽航行者是一艘維京海盜船，其實是一種貶抑。

首都值得遊覽的地標不只於此，還有哈帕音樂廳、漁人碼頭、Grotta Lighthouse、陰莖博物館冰島、國立博物館等，也有綠化公園地帶，與其逐一細說，倒不如大家親身探索，發現不一樣的風景。

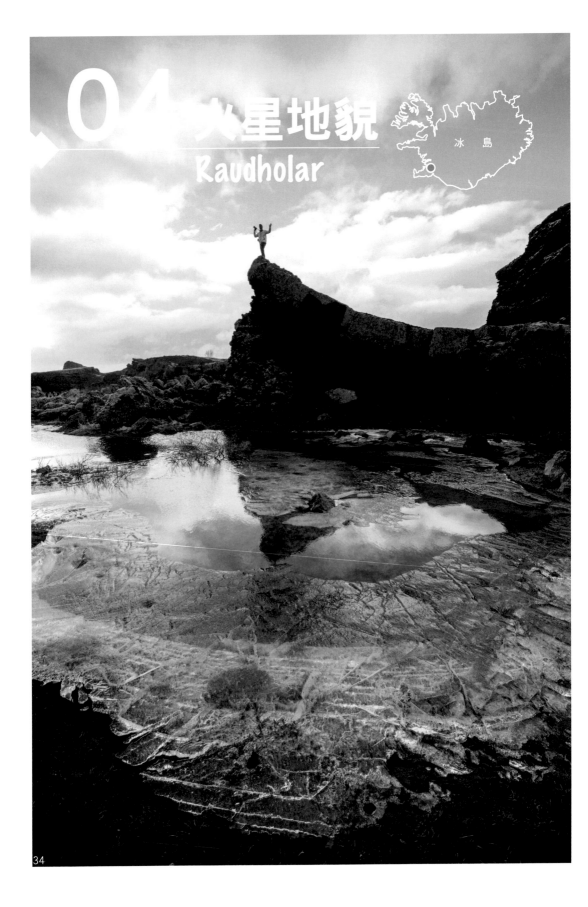

04 火星地貌
Raudholar

冰 島

網上資料關於 Raudholar 的資料少之又少，證明到訪的人不如金圈那樣多，多少人遊覽首都卻與它擦身而過，肯定是個莫大損失。

時代的演進

據學者估算，Raudholar 約有 5200 年歷史，當中的坑洞數量曾經多達 80 個，後來因為第二次世界大戰時，挖走很多泥土來建造馬路和機場，所以部份地質已被嚴重破壞，幸好 60 年代起開始被官方保護，才可存留現時的面貌。

硃紅色世界

冰島的火山地形、岩石、崖壁到處都有，卻不及 Raudholar 那樣密集，那樣多變。 這地方又叫 Red Hills，不難理解是個紅色地域，也有點像個廢棄城堡，岩層從地面凸起，成為多個小峰，頂部裂縫處處，破爛不堪，岩坡此起彼落，互相交纏，有如身處另一星球，這個景觀似曾相識，有點像美國猶他洲國家公園。

1	2
	3

1. 冰封奇景 /2. 奇石處處 /3. 策馬揚鞭

流光溢彩

地殼變動使地勢高低起伏，造成多個積水小潭，晴天萬里，頓成鏡子，旁邊生長了青草植被，有如一張綠色地氈，夏天又多見盛放的小黃花。地上圓渾石頭分佈七零八落，每顆都沾滿苔蘚，陽光一照，就是一粒發光綠寶石，冬季時小池會結冰，又是另一種美態。

騎馬俱樂部

低頭走著，你會發現遍地足跡，原來是馬蹄腳印，隨即看到有人騎著一列列馬匹踱步，穿梭在泥濘小徑之間，盡量不踏進草堆範圍，他們也曾善意提醒我們，千萬不要踐踏地衣，足見愛護環境之心，冰島這樣美麗的一個國家，真的要好好愛惜呢！

 北部也有紅山

鑽石圈內的 Jokulsargljufur，也是有 Red Hills 這樣的景點，但規模更大，山坡更斜，像個赤色荒漠，當中還有極具特色的六角柱山洞 Echo Rock。

冰島青苔

幾乎在冰島任何一個地方都能看到青苔，看似沒用的植物，其實是冰島人製作藥品和餸菜，甚至用來煮湯和麵包，聽說澱粉質豐富，還有止痛作用。

1. 滿地蹄印 /2. 青苔石頭 /3. 藍天水影 /4. 紅色世界

05

冰島

布迪爾黑教堂
Budakirkja

一間其貌不揚的小教堂，位於斯奈山半島南部，臨海而建，是個極受旅客歡迎的地標，原來背後的歷史也值得細聽。

北歐風格酒店

首都來到斯奈山半島約 170 公里，南邊盡是海景公路，海岸線平坦，地闊天長，泥沙沖積成潟湖，多有雀鳥自由飛翔。轉入小路盡處有 Hotel Budir，一所外表普普通通，內部卻非常精緻的餐廳酒店，北歐風格的裝修簡潔討好，食物質素奇佳，而最令人欣賞是休息室，放滿地道書本雜誌，牆壁是幾片大玻璃，窗外崇山翠嶺和莊園農地一目了然。

教堂脫俗外貌

店外有柏油路接通教堂，尖頂教堂以原木搭建，牆身塗上黢黑油漆， 窗框和大門潔白亮麗，入口有個小鐘，屋頂高掛十字架，金屬牌寫上年份「1847」，整個教會被砌石圍起，在旁有石碑墓園。黑教堂嚴肅莊敬，座落在溶岩之地的草原上，迎風屹立，孤高地守望著這個無人的海角。

🎯 **黑教堂婚禮**
　　在此處舉行婚禮並不容易，必須經過嚴格的審批和同意，有興趣看看教堂內部，不妨參考網址：

1	2
	3

1. 晴空教堂 /2. 旅館外貌 /3. 雪山峻嶺

黑教堂軼事

布迪爾黑教堂是冰島最古老的原木教堂之一，由一位商人於 1703 年建造，可是海風和霜雪長年無情地侵蝕，教堂殘破剝落，更被淪為貨倉，最終倒塌。1847 年，一位女子 Steinunn Sveinsdottir 在夢中受到感悟，引發重修教堂的念頭，多番向教區申請卻失敗，但她沒無氣餒，轉向請求國王授權，最終得到答允。現在堂內保留了古舊的聖杯、銅鐘、燭台、門環和十架。

攝影聖地

獨特的黑教堂從來都是遊客和攝影師摯愛，無論拍攝風景、縮時影片和婚禮攝影，都是最佳選擇，現場沒有光害，也是看極光的好地方。前方彎曲草徑可達小沙灘，漫步、看海或野餐都十分合適。

三百尺飛流

Bjarnarfoss 在主路旁邊，流水從山上懸崖直撲下來，山谷內滿佈青苔和岩柱，水花被風吹散橫飛，很容易出現彩虹。

1	3
2	4

1. 歐陸餐廳 /2. 另一角度 /3. 風景怡人 /4. 倚窗外望

06

Borgarnes

博爾加內斯

冰島

博爾加內斯是個海景半島，或許你未曾
遊覽過這裡，但一定會經過，因為
它是去斯奈山半島必經之路。

1 | 2

3

1. 素食餐飲 /2. 紀念石塔 /3. 小鎮全貌

小鎮宜安居

這個城市沿海而立，四面環水，灣淺且清澈，遠離首都一點
點，似乎不太方便，卻多添一份安寧感覺，其實鎮內規模也
很齊全，所有生活上的細節也照顧全面，相信是個安居樂業
的小城。作為前往斯奈山路線的中途站，需要補給的都在這
裡找到，順便吃個午餐，遊覽一下市內風光。

餐廳博物館

城鎮入口有間精緻自助餐館 Settlement Centre，枱上放滿美
味的食物，亦可點些海鮮和肉類，最令人讚賞是各類有機蔬
果沙律，配上清新可口的菜汁，熱騰騰的餐湯香味濃郁，環
境闊落舒適，是家很著名的素食餐。樓下有小賣部，都是富
有民族色彩的精品，現場還有冰島民間故事的小展覽呢！

冰島泳池

可能你會奇怪，
天氣寒冷的冰島，為甚
麼幾乎每個小鎮都會見
到泳池，博爾加內斯中
心就有一個，其實冰島
娛樂不多，泳池除了是
做運動的地方，也是個
社交聯誼的場所，無論
天冷或天熱，都有開放
的泳池，很多人上班前
也會先到泳池熱身一
番，才展開一天的工作。

雕塑小山丘

餐廳背後有個不得不去的小山丘，5分鐘便能走到山頂觀景點，有個型格雕塑豎立著，一面可盡觀整個城市風光，另一面是海峽和高山，其中一座叫 Hafnarfjall ，是夏季登山遠足的熱門路線之一。此外，博爾加內斯有知名的麵包店 Geirabakari Kaffihus，也是一家熱鬧的咖啡室，客人可坐在大玻璃旁，盡情觀賞沿海美景。

雪山酒店

如果怕市中心人多，不妨考慮開車多走5分鐘，參觀精緻的 Icelandair Hotel Hamar，單層的建築座落高爾夫球場旁邊，遠望澄碧海峽和連綿雪山，亦可品嘗肉汁豐富的羊排，都是至高無上的享受。

全世界最美的泳池

最美不是泳池本身，而是它座落的位置和景觀，冰島不可思議的景色，配上自然舒服的暖水池，就是最好時光。Hofsos、Hveragerdi 和 Drangsnes，都是極美的推薦。

另類遊樂場

冰島人深明保護環境的重要，就如一位叫 Bjorn Gudmundsson 的男人， 在足球場旁建了一個小樂園 Bjossarolo Playground，全由廢棄物料、小船、城堡和鞦韆建造，塗上繽紛的色彩，肯定是小朋友摯愛，青草地上的樂園接近海邊，景色使人舒坦，大人也會喜歡。

1	2	5
	3	
	4	6

1. 海角一景 /2-3. 著名麵包店 /
4. 山頂藝術品 /5. 冰島泳池 /
6. Hafnarfjall 山景

南部

「一步一景」是南部的最佳形容詞，幽深瀑布、地熱岩地、冰川流水、鑽石沙灘，如臨精彩的電影場景，令人嘆為觀止、讚口不絕。

07

金圈之旅
Golden Circle

冰島黃金圈之旅，是最經典的旅行路線，由雷克雅未克出發，經過三個熱門地標，分別是 Thingvellir、Gullfoss 和 Strokkur，最後回到首都，一天內完成一圈，既豐富又精彩。

冰 島

豐富地理景觀

Thingvellir National Park 是聯合國評定為世界遺產之一，在北美板塊和歐亞板塊之間，園內裂谷和斷崖隨處可見，造成很多下陷的積水低地，公園位置便利，交通四通八達，有大型遊客中心和多個停車場，由眾多支路貫穿其中，遊人可穿梭谷地之中，兩旁懸崖互相對峙，幽折蜿蜒，狀如長城，木砌步道路況良好，也有多個觀景高台，盡情欣賞低谷平原。Oxararfoss 瀑布是最熱門地標，流水從崖頂溢出，泛濫在亂石堆之間，繼而流向南面最大湖泊 Thingvallavatn。公園另一面景色截然不同，下半部全是翠綠的淺湖，特別在夏季，陽光透射清澈見底，青蔥苔蘚鋪滿周圍，慢步細賞，綠意盎然，不遠處有所 Thingvallakirkja 園林教堂，也是特色之一。

🎯 水力發電

冰島地質資源豐富，也相當講究環保，發電除了靠地熱能源外，其餘 8 成是依賴水力發電，無污無塵，用之不竭，當中最大的發電廠建於東部 Karahnjukar。

1	2
3	4

1. 金圈地熱區 /2. 國旗飄揚 /3. 冰封美瀑 / 4. 岩壁堡壘

1	3
2	4

1. 動力噴泉 /2. 奇異地質 /3. 壯觀
場面 /4. 斷層流水

地熱間歇泉

冰島是火山之國,發電廠建造在地熱區,為全國提供
4 分之 1 的電力供應,除此之外,地熱區景色特別,
所以亦是觀光勝地,例如金圈內的 Haukadalur,有
幾個便利的間歇泉,Strokkur 是當中最具代表性的泉
眼,藍綠色的水池熱氣騰騰,每隔 5 至 10 分鐘便會
噴發一次,隨即漫天蒸氣飄送,形同仙境。另一面的
Geysir 也不容忽視,它是一只水汪汪的藍眼睛,又像
一面閃亮的鏡子,被橙紅的岩石圍著,熱水源源不絕
地湧出,白霧散發濃濃的硫磺味,若時間許可,不妨
走到背後的小坡,從高處放眼整個地熱區美景,是個
難得的體驗。回到停車場的遊客中心,有個大型紀念
品中心,應該不難發現一些驚喜。

氣勢磅礴黃金瀑

如果你看厭了冰島的瀑布，這個黃金瀑卻完全不一
樣，嚴格來說它是個結合溪流和峽谷的地方，源自
上方 Olfusa 河，滔滔水流終年不絕，從上而下流過
三個斷層，高度超過 70 米，激起鋪天蓋地的水花，
空氣瀰漫水珠，如果日出時間到來，整個深谷肯定
變成金黃色。譽滿世界的黃金瀑，卻有段鮮為人知
的背景，百多年前，瀑布地段本來屬於 Tomas 農夫，
後來有英資商人希望買入來建發電廠，農夫只租不
賣，有人卻試圖用計把瀑布得到手，於是農夫女兒
Sigridur 開始抗爭的道路，甚至揚言要投河來阻止施
工，經過了漫長的訴訟，經歷過無數失敗，最終藉
著律師 Sveinn 幫助，成功保住瀑布，數十年之後，
瀑布輾轉成為政府財產，並加以保護，讓眾人可以
分享這地方。

🎯 抗爭第一人

Sigridur 悍衛瀑
布的決心，激勵了無數人
民，而她的紀念碑依然豎
立在黃金瀑的入口，那位
曾幫助她的律師 Sveinn
Bjornsson，最後成為冰島
第一任總統。

温室餐廳

冰島天氣不太適合農作物生長，所以好些地方都建有栽培溫室，以人工方法對抗逆境。飽覽過各式勝景後，肚子餓了，不妨試試這間優質的溫室番茄園 Frioheimar，餐廳環境尚佳，玻璃屋內枱櫈排列整齊，旁邊種滿一列列番茄，掛上黃燈照射，感覺十分溫暖。他們只供應素食，全是新鮮食品，包括手工麵包、濃香番茄湯和鮮忌廉意粉等。角落裡有小賣部，都是鮮榨番茄汁之類。飽餐後可到門外牧場探探小馬，還有不定時的騎馬表演呢！

Blue Lagoon

地熱區為冰島帶來驚艷的藍潟湖，幾乎每個到訪的人都會享受這個溫泉，這個小小的區域可説是國家的縮影，酒店、電廠和溫泉共冶一爐。

1. 間歇泉接待處 /2. 溫室番茄園 /
3. 馬術表演 /4. 黃金瀑遊客中心 /
5. 美味意粉

1	3
	4
2	5

08

冰島

飛機遺跡
Wrecked Plane

近年興起廢墟攝影，人去樓空後的頹垣敗瓦，留著一些舊事痕跡，彷彿有種莫名奇妙的魔力，吸引著千千萬萬的人探索，而位於冰島南面海灣的飛機遺址，已成為很多人渴望一遊的地方。

機從那裡來？

所有人類文化都有其來歷，有其故事。1973 年 11 月某日，駕駛著 Douglas Super DC-3 的機師和 7 位人員飛過冰島 Solheimasandur 沙灘時墜毀，幸運地全體人員並沒有傷亡，機身卻嚴重破爛，所以沒有修理妥當便棄置在杳無人煙的荒土上。網絡上有兩個傳言未經證實，第一是飛機的尾部和雙翼被人偷去變賣，第二是飛機墜落是因燃料耗盡。

冰島還有殘骸？
除 了 DC-3，還有幾個殘破遺址，西北部破船 Gardar BA 64，西 面 Hvalfjardarvegur Hvalur 雙廢船，東部的 Mjoifjorur US Navy wrecked ship。

1	3
2	4

1. 荒野無人 /2. 巨大殘骸 /3. 換個角度 /4. 機身內部

孤寂而冰冷

飛機殘骸入口是個小小停車場，意味著你泊好車後需要徒步
走好一段路，初段你會頗為興奮緊張，但愈走愈覺不妥，
因為整段路都是黑色碎石，走起來頗吃力，尤其背負攝影器
材，加上景色全沒變化，總是向著一望無際的海岸前進，途
中你不會找到一棵樹或一塊大石，充滿蕭瑟荒涼感覺，愈接
近海邊風勢愈大，如果天氣不佳更是辛苦，單程走約 1 小時，
來回是 8 公里，所以出發前要有心理準備。辛苦過後，你會
深深被那架殘破的飛機吸引著，鏽蝕、褪色、破落、凋零、
淒清、獨特，滿有感覺的一個景點──尤其襯托在冰島這個
國度之內。

五花八門的攝影題材

Wrecked Plane 從來都是攝影師最愛取景之地，
無論風景、女模拍攝、商業廣告或音樂 MV，
更有新人遠道而來拍結婚照，我們最希望將來
再有機會拍極光，一定是滿有格調的照片。有
時想想，反而在烏雲和陰天來到，更顯它的凄
冷孤寂感覺呢！

1	2
	3

1. 一望無際 / 2. 忙碌的攝影師 /
3. 空中巴士

香港也有 DC-3?

信不信由你，香
港科學館內就有一部 DC-3
型客機「貝茜號」展覽著，
是國泰航空公司當時的第一
部飛機，退役後捐贈出
來的。

09
Skogafoss

彩虹瀑布

冰島

彩虹是一種光學現象，當陽光被水珠折射和反射，
把光源分成約 7 種顏色，就是我們見到的彩虹。
瀑布從高而下，沖激成無數水花，陽光角度合適
時，自然看到彩虹，此瀑因而命名。

酒店門外賞瀑布

Skogafoss 在南部小鎮斯科加爾內，所謂小，是因鎮內只有住
屋寥寥十數間，人口約 30 人，卻擁有全國最大最壯觀瀑布之
一，挾住這樣的名氣，小小地方建有好幾家酒店，方便旅人來
訪。我們住過這裡，只花 5 分鐘便到達瀑布，放眼寬闊的流水
從 200 尺崖坡傾流不息，巨瀑之前，聲威大響，水花滿天，
震懾每個到訪的人。瀑布右邊有鐵梯登山，花點氣力，很快
到達頂處觀景台，可近看萬馬奔騰的河道，對面山峰狀如金字
塔，又可鳥瞰整個地勢平緩的小鎮。

🎯 **瀑布傳說**

　　從前有一個維京
人，把大量財寶放在木箱
內，再收藏到瀑布背後的
山洞，後來有人找到木箱，
卻只能拆下圓環，木箱再
次失蹤，最後把圓環安置
在 Skogar Museum。

1	2
	3

1. 人頭湧湧 /2. 草屋
博物館 /3. 河水泛濫

<table>
<tr><td>1</td><td>2</td></tr>
<tr><td></td><td>3</td><td>4</td></tr>
<tr><td></td><td>5</td></tr>
</table>

1. 黃昏色彩 /2. 雪影夕陽 /3.雲後之光 /4. 微弱極光 /5. 酒店夜景

草屋博物館

斯科加爾除了動態的瀑布,還有靜態的 Turf House,即草皮小屋,是冰島最古舊的建屋設計之一,據說是千多年前維京人的傳統,草皮主要用來隔熱,且十分耐用,加上冰島欠缺樹木,所以只能以石頭和草皮作為主要材料,本來是就地取材的方法,現在看來卻十分環保,充滿童話世界的意味。

Skogar Museum 分為 3 個部份,需要購票進場,想了解當地漁民、農夫和運輸的歷史文化,可以進入多間草屋內參觀,實在不容錯過。

瑜亮之爭

如果你欣賞過彩虹瀑後就離開,肯定會後悔莫及,因為在博物館旁邊的深谷,又有一度極為隱秘的 Kvernufoss 瀑布,風格迥異,同樣精彩,必須一遊。

10

塞爾福斯

Selfoss

Selfoss 距離首都雷克雅未克 50 多公里，是個很有規模的小鎮，人口也有 6000 多，是個很完善的社區，作為往南行程的重要休息點。

冰島

聖誕之城

沿主要公路往 Selfoss，先會經過一道鐵橋，試過臨近聖誕時節夜訪，橋上的裝飾五光十色，到處都是鋪滿白雪的景觀，木製小屋掛上閃閃燈飾，不知那裡又傳來聖詩歌聲，薄霧半掩，溫柔而寧靜的小城，瀰漫了平安夜的氣氛。不得不提是鎮內最美教堂 Selfosskirkja ，粉藍配上白色的外牆，莊嚴而典雅，無論日景和夜景都十分吸引。

冰島郵局看甚麼？

在郵局除了可寄名信片，其實還有不少手信可買，例如首日封、風景月曆、毛公仔等紀念品，好像一個小型店舖。留意郵局只開一至五，六日休息，大部份營業時間是 9am 至 6pm，但有些 2PM 便關門，所以應先網上查詢。

1	
2	3

1. 河畔雪景 /2. 黃昏吐艷 /
3. 大橋晨曦

精緻酒店

去年自駕環島之行，本來打算預訂較便宜的 Guesthouse，為行程節省一些費用，但當看到 Hotel Selfoss 的相片，無論內部設施、周邊環境和方便程度，比起其他住宿都更勝一籌，而最吸引我們的，就是酒店餐廳的裝潢，落地大玻璃晶瑩剔透，遠望窗外美景毫無阻隔，試想想，一面欣賞遠山和河畔景色，一面吃個精美歐式早餐，是多麼寫意閒適！

名信片場景

Hotel Selfoss 對出有個大空地，Olfusa 河邊清風送爽，沿小徑隨意散步，也適合拍攝風景，遠處有雪頂山峰，近處是結冰的河流，最動人的時間除了晚上，必定是清晨日出時份，雲彩天際吐艷，金光照耀山峰，配上優雅的教堂，好像一張張美麗的名信片。

塞爾福斯地震

這個人口密集的城鎮在 2008 年發生過強烈地震，不少設施和房屋被破壞，幸好沒有造成人類死亡，只有大量羊群死亡。

1		3
2	4	5

1. 華麗聖堂 /2. 極光預報 /3. 遠望山脈 /4. 晨曦旅人 /5. 精品餐廳

最佳驛站

貴為冰島南部最大城市，當然應有盡有，大部份設施都建在 1 號公路兩旁，油站、銀行、超市、教堂、酒店、學校、球場等，除了到超市購買所需物品，有空的話可到郵局寄名信片，更要到文化博物館 Bobby Fischer Center 參觀，了解當地風土人情。

🎯 冰島足球

沒有想過 33 萬人口的冰島，足球上卻有相當不錯的成績，尤其在 2016 歐洲國家盃打入 8 強，以及 2018 世界盃成功晉級，而 Selfoss 就有支歷史悠久的 UMF 足球隊。

	1		6
	2		
3	4	5	7

1. 餐廳外望景色 /2. 河邊魯冰花 /3. 冰島超市 /
4. 名物火山鹽 /5. 美味魚塊 /6. 豪華酒店 /
7. 慢快門之美

11 火山口湖
Kerid

冰島

第一眼看到火山湖，還以為是一隻大煎蛋，位於 Selfoss 北面的 Kerid 是最受歡迎和最易到的小火山。

山中小湖

科學家認為 Kerid 原本是個三角形火山，因著噴發的溶漿耗盡，以致尖頂內陷，雨後成為湖泊。入口中央有個小亭，雖然入場費 400ISK，但絕對值得一遊，你可順時針或逆時針在崖邊走一圈，除了觀景台之外，其他位置都沒有圍欄，所以應該格外小心。此處有別於北部惠爾山，深紅色的泥土在陽光下更顯鮮艷，而且多有青葱植物生長，對比十分鮮明。

藍寶石與煎雞蛋

湖水是一顆惹人喜愛的藍寶石，呈橢圓形，近年
搭建了樓梯，可以直達 60 米深的火山底部，在
凝固湖面上滑冰呢。火山口就如一只大鐵鑊，平
均直徑 200 米，湖水又似大煎蛋，相當有趣。小
火山座落在平原之上，四圍風景明麗，秀美宜人，
不妨計劃在此看完日落再等待極光，把湖口設為
前景，拍出現場特色。

1	2
	3
	4

1. 藍色寶石 /2. 投入拍攝的
遊人 /3. 廣闊湖口 /4. 魯冰
花隨處可見

一件驚險的事

話說有次帶同學到山頂拍日落，風大而寒冷，忽然啪嗒一聲，同學的相機連腳架掉到崖邊，掛在一堆亂草之上，搖搖欲墜，本來不打算冒險拾回，但想到同學沒有相機，餘下的精彩行程便不能拍照，左思右想，觀察過現場環境，於是小心翼翼地從斜坡下降，抓住小樹借力，成功取回相機，算是有驚無險了。

🎯 火山湖

冰島還有同類的小湖，例如米湖 Viti 和中部 Lake Askja。而 Kerid 附近則有兩個沒有水的小山 Seydisholar and Kerholl。

1	3
	4
2	5	6

1. 可以溜冰嗎？/2. 日落西山 /
3. 溶岩地質 /4. 愛護環境 /
5. 繁星閃照 /6. 極光初現

Seljalandsfoss

冰 島

水濂洞瀑布

◎ 瀑布爭議
　　為 提 供 更 完 善
設施，政府曾計劃在
Seljalandsfoss 興建遊客
中心，但遭到大力反對，
認為會破壞自然景觀，最
終結果未明，但現在瀑布
已加裝強力射燈，對於晚
上來到的攝影師，似乎不
太歡迎。

冰島貴為瀑布之鄉，大部份卻只能遠觀而不可近看，然而以下兩條舉世無雙的奇瀑，不但可以走到面前，還可以進入背後，可想而知，你必須有全身濕透的準備。

五十萬人的勝地

夏季是 Seljalandsfoss 的遊客高峰期，多少人慕名遠道而來，小小的一個地方，每年參觀人數破 50 萬，真是誇張至極，親身到訪過後，發覺數字不難理解。驟眼看來，水濂洞瀑布外表沒有甚麼特別，甚至比彩虹瀑遜色得多，其實乾坤就在瀑後，爬上樓級鐵梯，再走進洞後，基本上已渾身濕透，小路夾雜泥漿和碎石，幸好穿上雪爪，否則寸步難行，水花背後別有洞天，是個比想像中還要巨大的岩窟，從內而外觀看，滾滾河水眼前飛躍，點點水珠撲面而來，岩穴就如共鳴箱，無限放大流水震耳欲聾的聲音。此瀑還有一個特點，就是洞口對著日落方向，晴天的時候，拍攝優美畫面輕而易舉。

1	2
	3
	4

1. 白色美地 /2. 瀑內奇洞 /3. 川流不息 /4. 崎嶇路況

隱秘之瀑 別有洞天

Seljalandsfoss 之名氣，使數百米外的 Gljufrabui 少人問津，然而它配得上「隱藏的寶石」這個美名，Gljufrabui 分為兩個部份，上半岩口破裂，露出半道飛流，不少人喜歡爬上，窺看瀑布真貌，下半部是個狹窄小門，人需要涉水前行，走過濕滑的石頭，我們穿上水鞋，入到洞內驚為天人，感覺除了震撼，還是震撼！Gljufrabui 空間狹小而昏暗，兩壁岩石高不可攀，使人充滿壓迫感，密室之內鋪滿翠綠青苔，水濂從天而降，奔流直下，氣勢令人屏息靜氣。洞內大石是個舞台，所有人都會站在上面擺好姿勢，拍下這個石破天驚的場景。

如何拍得好？

狹窄的地方必須使用超廣角鏡，甚至魚眼鏡，方可把全個洞口拍下，加入細小人物作對比，可以表現場景的宏大，切記多帶一條小毛巾，抹乾鏡頭的水珠。

1				
2	3	4	5	6

1. 一瀉千里 /2. 樓梯設施 /3. 斜陽側影 4. 小型飛流 /5. 奇怪洞口 /6. 翠綠圍牆

13

南端海角

Dyrholaey

冰島

冰島文 Dyrholaey 中的 Dyr 是指門，直指海岬上的拱形
海蝕洞，另有兩個特別名字：波特蘭海角和地吼雷海岬，
前者不明所以，只知是從前由水手改的，後者頗為貼題，
因海岸風高浪急，聲響如雷。

孤高的燈塔

進入維克之前，右轉入 218 車路前往海灣的內湖，波平如鏡，
大如汪洋，其實只是個淺淺的泥灘，風平浪靜時不難看到天
空之鏡。Dyrholaey 範圍很大，可以分左右二路前往，右方車
道直達山頂，但一定要十分小心，因為山徑相當傾斜，尤其
下雪之後。在頂處泊好車後，進入小門後便可見到一座品字
形燈塔，紅頂白牆非常奪目，矗立在這個平坦高地，日以繼
夜，孤獨地守護著天涯海角。

🎯 車輛限制
　　每年五六月之間，
是雀鳥築巢繁衍的季節，
較常見是樣子趣怪的冰島
海鸚 Puffin，政府會限
制通往燈塔的車路，只許
遊人徒步登山。

```
1 | 3
  2 |
  | 4
  | 5
```
1. 燈塔晨光 /2. 曙光初露 /3. 遠望黑沙灘 /
4. 飛鳥群起 /5. 雪地一景

最南端日出

燈塔四周極盡開揚，背後有高峻的雪山，另一邊是寬廣的 Solheimasandur 沙灘，白浪襯托架黑色沙泥，相映成趣，前方有一望無垠的北大西洋，深藍色海面隱約呈碧綠色，只有不受污染的水域才會這樣。從陸地伸延到海中的岬角，這地屬冰島最南端，最觸目是崖下的碩大洞穴，海浪穿過時激打岩石，氣勢一時無兩。冬天的日出方向偏南，恰恰從石拱門上升起，構圖上無懈可擊，璀璨陽光照耀岩壁，發出閃閃金光，整個環境頓時暖和起來，所以常有雀鳥在此築巢，吸取第一道晨光。

嶙峋海岸線

離開燈塔時不要忘記回到左路看風景，那裡是接近水平線的地方，走動範圍也多，先到右面的高台遠看剛才的海角，這角度發現原來還有幾個毗連的小島，續走另一邊的景觀也不遑多讓，可遙望長長的 Reynisfjara 黑沙灘，還勉強看到那幾根著名海蝕柱，更精彩肯定是面前的鷹柱 Eagle Rock。

1	3
	4
2	5

1. 金色水影 /2. 冰島早晨 /3. 鷹柱石與海灣 /4. 長長海岸 /5. 白浪翻騰

14 維克小鎮
Vik

冰島

維克幾乎是所有冰島客旅必到的小鎮，因為附近景點
特別多，既有綿長的海岸線、也有奇異的山脈洞穴，
比起 Selfoss 面積和人口少得多，只有 300 多人居住，
環境格外寧靜，絕對是值得遊覽的好地方。

1 | 2 | 3
| | 4
| | 5

1. 小鎮晚景 /2. 俯視維克 /
3. 雪地小屋 /4. 魔鬼柱石 /
5. 城中一景

山崗教堂

冰島到處都有大大小小的教堂，大都是尖頂
和拱門，維克的 Myrdal Church 也不例外，它
建築在開揚的小山上，顯然是冰島景觀最動
人的教堂之一，把車泊在教堂旁邊，慢慢地
圍著走一圈，飽覽整個城鎮的優美風貌，如
果你以為這裡就是最佳的拍攝位置就錯了，
其實教堂旁有車路通往更高位置，那裡才是
景色最美的觀景台，背靠高聳的雪山，面向
無邊大海，可眺望黑沙灘的著名石柱。雖然
側邊是個小墳場，但面對如此美景，完全不
會令人有可怕之感，更值一提的是，這裡是
看日落和夜景，甚至是極光的絕佳地方。

🎯 **地震演習**

　　維克靠近 Katla 大型活火山，雖然足有
100 年未有爆發，但沒有人知道災難何時降臨，
一旦發生，隨時會把冰川溶化，造成泛濫之害，
所以維克人定期舉行演習，減低真實遇上天災
的損害，而他們打算避難的地方，正正就是山
上的 Myrdal Church。

北歐風格酒店

維克約有 1400 個酒店房間，從數字上看已知遊人有多喜歡這個地方，鎮內較具規模的酒店是 Icelandair Hotel Vik，北歐式風格，簡潔高級，房間寬敞，餐廳美食多樣，其中鱈魚和羊架相當美味，所以我們到冰島幾次也選擇了這家酒店。

來冰島買名牌

酒店對面是個小型購物中心，餐廳、超市、油站、時裝店一應俱全，當中有專賣冰島本地衣服品牌的店舖 Icewear，羊毛衫和戶外衣飾最著名，帽子、手襪、外套、雪褸，羊毛氈等，價錢也算合理，也有大量精美的紀念品，很容易便打發幾個小時。

1		5
2		
3		
4		6

1. 名牌服飾 /2. 新鮮麵包 /3. 優雅餐廳 /
4. 世界攝一圈 /5. 夏日之美 /6. 維克全景

15 黑沙灘
Reynisfjara

冰島

冰島南部景點密集，可說是每步一景，既有溫婉平和的小鎮風情，也有震撼眼球的自然景觀，吸引著世界各地的遊人，其中黑沙灘名氣之大，就算你未曾去過，也會看過它的驚人照片，就連《國家地理》雜誌也評為全球十大海灘之一。

安全第一

前往黑沙灘十分簡單，過了 Dyrholaey 有車路連接，單看停車場之大，車輛擠得密密麻麻，就知它的受歡迎程度，現場有幾家 Guest House，也有精緻的咖啡店。步出沙灘前有危險警告牌豎立，領隊千叮萬囑不要下水和走近海浪，尤其在天氣惡劣時，因為潮漲突如奇來的巨浪可把人捲走，類似意外在新聞常有出現。

安全事項

黑沙灘山坡多有鬆石，隨時飛墮下來，單看地上四散的石堆便知，我們甚至聽過石頭爆裂的聲音，所以不要胡亂攀爬或走得太近。

1	2
	3

1. 情定黑沙灘 /2. 驚濤駭浪 /3. 休閒咖啡館

1	3
2	4

1. 逆光岩洞 /2. 六角石窟 /3. 側光
加強立體感 /4. 黃金海浪

黑色地貌 詭異世界

黑沙灘是個地質圖書館，有著不同的獨
特面貌，先有一座宏大的石崖，輪廓和
紋理挺像個大蜂巢，岩壁向內陷入，山
頂長著尖角，天色昏暗時十分可怕。前
行發現很多人在拍照，原來是筆直的六
角柱最密集的地方，形態有如瀑布流瀉，
一支支岩柱直插天際，直徑超過一尺，
高高低低的互相扣連，不少人當作櫈子
休息呢。這裡還有第二個海蝕洞，規模
較小，內裡漆黑，人像進入了密室，大
聲說句話即有回音，浪聲也被反彈回來，
似是一個天然演奏廳。

🎯 石柱觀景台
在沙灘背後有景觀遠揚的石山，
可以從高俯覽 Reynisdrangar，甚至整個
南部，夏季多有海鷗出沒。

傳說中的恐怖故事

欣賞過六角柱崖的震懾畫面，不難發現海中幾枝黑色玄武岩石柱 Reynisdrangar，這是最具觀賞價值的景點，有著一個嚇人的民間傳說：有三頭巨魔於黑夜作孽，但被清晨陽光照射後變成岩石，永遠坐落在汪洋上，這個故事有很多不同說法，但都令人毛骨悚然，如要近一點觀看它的真面目，可以走到沙灘盡頭，小心地攀過亂石，就來到寂靜無人的小灘，面前就是驚異的三組石柱，波瀾壯闊場面令人喘不過氣，絕對比傳說更加撼動人心。

白色天地　另類體驗

試過在風雪下來到黑沙灘，周遭換成白色世界，岩壁掛滿閃亮的冰錐，沒有可怕的氣氛，平易近人。沙灘廣闊開揚，還可以遠望 Dyrholaey 拱門，日落時份特別迷人，不少人在灘上慢步，或寫意地躺臥沙上，聽著浪濤之聲。

1	2
3	4	5	6

1. 攝影師的堅持 /2. 遠眺海蝕洞 /3. 教堂景觀 /4. 黑白交融 /5. 冰天雪地 /6. 大雪紛飛

🎯 **玄武岩**

　　玄武岩又稱試金石，堅硬而結構緊密，屬火成岩，多數是黑色和深綠色，因岩漿噴發時形成，所以覆蓋範圍十分廣闊。

16
Dverghamrar
六角柱崖
冰島

很多遊人可能因著趕往冰河湖，忽略了南部六角柱崖的奇景，我們都是因為中途休息，才意外地走進這個令人驚喜的地方。

傳說故事

Dverghamrar 又稱為矮人岩柱，你可能認為岩柱不高，所以有這個叫法，其實那是因為冰島人的傳統想法，他們仍然相信這地方有精靈和小矮人出沒，Dverghamrar 就是他們的家，一個地方滲入了神秘的故事，不是更有趣味和意思嗎？

六角柱崖

冰島六角柱並不罕有，甚至是非常普遍，但論方便程度，Dverghamrar 無疑是最容易到訪，沿一號公路過了南部 Foss a Sidu 農場便可找到。崖壁範圍不大，平地隆起幾個石坡，景色遠揚廣闊，石柱紋理易辨，每支緊扣並排，造成一幅巨大牆壁，身處當中，自己也變成小矮人。

 鄰近瀑布景色

農場附近只有小屋數間，也有小旅館，背後卻有高不可攀的飛流，有小路可達山腰，近看源源不斷的流水。

1	2
3	

1. 危崖駐足 /2. 遠揚景色 /3. 柱下谷地

91

🎯 精靈故事

　　冰島有不少民間故事都與精靈有關，其中這個比較可怕：有三個小孩子在山邊玩耍，其中一個女孩伸手進了小石洞，大聲呼喚精靈說：請把寶物放在我的手吧。打開手掌後多了一個金鈕扣，另外一個小孩有樣學樣，伸手一試，竟然變成枯枝。

玄武岩色彩

風化嚴重的石柱有很多小孔,聽聞是冰河時期已經
形成,學者估計當時海平面較高,因海浪沖擊而塑
造了今日面貌。石頭顏色呈深啡和暗紅,日落時看
似紫色,夏天陽光充足,四處青草綿綿,野花開遍
山谷,如畫美景讓人駐足逗留,將來再訪必定是晚
上,細看六角柱崖星空極光何其壯美!

旅程趣事

有次我們從南部,趕往東面,途中汽油用盡,到了
附近加油,可是油站沒有服務員,只有自助的油
槍,因為我們的信用卡不能使用密碼,沒有職員當
值,不能以現金交易,徬徨無助之際,一位德國人
主動前來幫忙,掏出他的信用卡,我們付他歐羅,
實在感激他的關懷協助。

◎ River Fossalar
　　岩地對面約 1 公
里,有一壯闊的河澗,想
必是經過高山流水奔馳到
此,背景有奇異山脈配襯,
都是妙不可言的景觀。

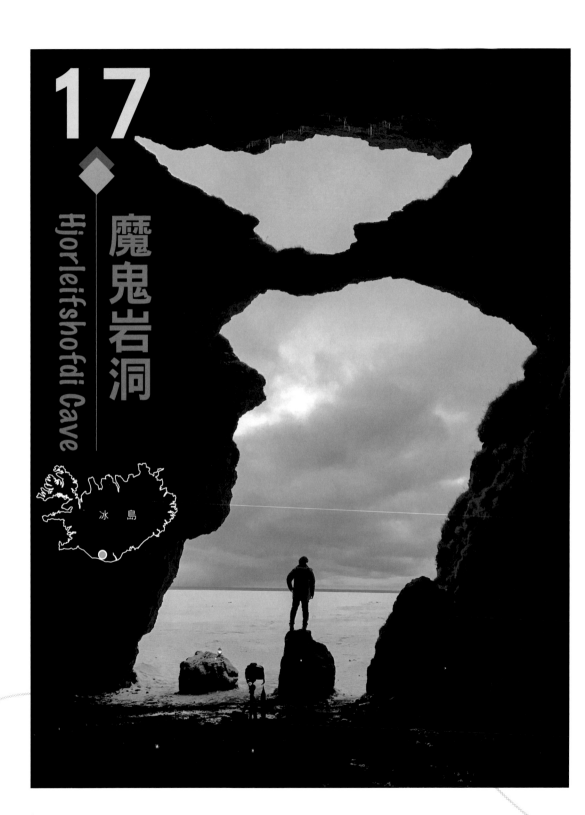

17

魔鬼岩洞

Hjorleifshofdi Cave

冰　島

冰島有很多山洞，除了溶岩形成的地下洞穴外，其他都分佈在難以到達的地方，然而在維克附近的 Hjorleifshofdi 石山中，有個極其詭秘卻近在咫尺的奇窟。

魔境探奇洞

離開維克 15 分鐘路程，轉右進入狹窄的瀝青路，有個高約 200 米的龐大石山，山頂平坦闊大，夏季多有遊人登山。我們某年寒冬清早出發拍日出，駕著 4 輪推動的旅行車，在顛簸不平的路上前進，境況愈走愈模糊，到了山的背後更開始大風狂嘯，昏暗天色難以認清方向，於是細心打開地圖尋目的地，再下車四周探索，現場一個人也沒有，突然聽到悽愴的動物叫聲，令人不寒而慄，我們不敢輕舉妄動，回到車上再等，天色漸亮，赫然發現目標就在不遠處。

魯冰花

每逢盛夏，Hjorleifshofdi 的可怕印象一掃而空，四周會長滿紫色魯冰花，一定要來拍個夠。

1	2	4
	3	5

1. 神秘莫測 /2. 海螺石景 /3. 深夜來客 /
4. 石上開花 /5. 紫花盛放

1	3
2	4

1. 兩頭恐龍互噬 /2. 挑燈暗訪 /3. 拍到天亮吃早餐 /4. 人景對比

嘖嘖稱奇的地貌

前方一幅巨壁連橫的山崖下，有個形貌可怕的山洞 Hjorleifshofdi Cave，足有 5 層樓高，上下洞口各一，好像長出魔鬼的兩角，雙壁對峙又似兩頭猛獸互相噬咬，論氣氛和形態，姑且稱它魔鬼洞。急不及待走到洞內，又發現另有天地，深邃而冰冷，洞壁崎嶇不平，生長著翠綠的苔蘚，滴下的水結成冰掛，一些岩石散落地上，盡是神秘莫測的氛圍。用超廣角鏡或魚眼鏡，以洞口和人物剪影構圖十分理想，可以對比岩洞的宏偉，如遇日出的雲彩煞是迷人。

異域賞奇岩

遊過山洞往海邊走去，風吹得更加猛烈，無邊無際的沉積沙泥鋪滿白雪，平整地勢屹立著三座石山，形狀稀奇古怪，最大的一座超過 100 尺高，從不同角度觀看神態各異，像一張人臉，也像只大海螺，加點幻想，又似日本動畫風之谷裡面的大型生物，座落在這奇異的荒漠上。查過地圖，這兩座石塔稱為 Arnardrangur 和 Lasadrangur，第三座卻沒有名字，任憑你自己幻想吧！

> ### ◎ 冰島的洞
> 介紹幾個冰島較易到的洞穴，分別是溶岩地洞 Vatnshellir Cave 和 Arnarker，米湖 Grjotagja Cave 積水洞，Loftsalahellir Cave 石洞，Halsanefshellir Cave 六角柱洞，Gljufrabui 瀑布洞。

東部

東部擁有冰島不一樣的風景線，就是幽折綿長的峽灣風光，城市簡約而幽靜，內海波瀾不驚，山脈雄奇壯麗，讓人流連忘返。

18

冰　島

鑽石沙灘
Diamond Beach

冰島給人第一印象是「冷」，到處都是「冰」，而我們認為「驚艷」和「優雅」才是最貼切的形容。南部的無疑是 Jokulsarlon 冰河湖，而位於湖口海邊有個瓦特納冰川國家公園，到處都是冰山河川，最著名景點優美動人的海灣，就是冰島之寶：鑽石沙灘。

天然藝術館

鑽石沙灘被冰河分成左右兩邊，開車可直達海灣，你可先觀察冰塊的數量才決定泊車位置。鑽石沙灘的冰塊是從冰河湖漂流到海邊，再被翻騰巨浪沖回灘上，所以潮漲時到訪比較合適，幸運的話可看見一顆顆有如巨鑽的冰塊晶瑩剔透，冰鑽本來是白色、藍色或透明的，但被陽光一照變成閃閃生輝，而且大小不一、外型顆顆不同，有的像動物，有的又似雕塑，千奇百怪，琳瑯滿目，來到這裡簡直就是參觀自然界的展覽館一樣。

最佳酒店

鑽石沙灘甚麼時候都有它的魅力，無論日出、日落或夜空都楚楚動人，最近而又最美的酒店，必定是 Hali Country Hotel，只要十多分鐘車程，方便半夜出動拍攝極光，所以經常爆滿。

1	3
2	4

1. 滿地冰鑽 /
2. 白浪激流 /
3. 藍天大橋 /
4. 七零八落

怎樣拍得好？

從攝影角度而言，海岸的沙粒呈深灰色，與地上的鑽石
成對照，周遭沒有多餘的景物，更沒有垃圾，容易突出
主題，拍得美照唾手可得。技巧方面，留意主次，冰
塊是主角，海浪是配角，把兩者納入構圖，偶爾加上
人物點題，都是很好的拍法。水是流動景物，配合不同
快門得出不一樣的效果，例如希望拍出水花的澎湃，以
1/200 秒或更短的曝光來定格浪花，如要霧化海浪營
造平靜感覺，就要加上減光鏡拖慢快門到數十秒以上，
而我們最喜歡抓住水流的動態，以 1 秒以內的曝光最
為理想，所有拍海浪或湖面的場景，都需加配偏光鏡來
減除反光，使照片更加鮮艷，還原真實色彩，透過濾鏡
和技巧，呈現人眼看不見的精彩畫面。

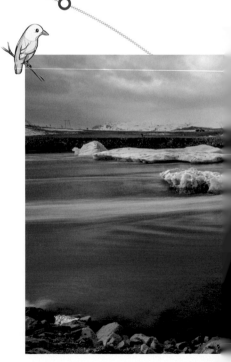

1	3
2	4

1. 風高浪急 /2. 冰河湖出口 /
3. 晶瑩剔透 /4. 處變不驚

潮漲時間

　　鑽石沙灘夏季都可能有冰塊，因為它是從長年結冰的冰川而來，最重要是配合潮水和風向，漲潮看到機會較大。

參考網頁：

1	3
2	4

1. 破曉之時 / 2. 千奇百趣 /
3. 冰雪留影 / 4. 閃閃發光

19 玄武岩瀑布
Svartifoss

冰島

初學攝影時，網上看過這度玄武岩瀑布，流水從六角柱

奔騰飛瀉，單看相片已感受到它的氣勢超群，但一直

查不出瀑布名字，沒想過多年以後，能夠親身踏足

這個奇幻之地，感覺依然震撼人心！

玄武岩瀑布

隱谷美瀑

這度 40 多尺高的飛瀑，位於冰島東南部卡夫塔費德國家公園
之內，譯作斯瓦蒂瀑，又稱黑色瀑布或魔鬼瀑布，它並不像
冰島眾多瀑布座落於公路旁邊，而是深藏山谷之內，所以到
訪的人尚算不多。先在遊客中心起步，經過大片綠草營地後
進入登山小徑，初段可能有點吃力，慢慢地愈走愈闊，途經
Hundafoss 小瀑，很快便來到一處高台，可以遠觀六角柱瀑
的真貌，只要再走一小段泥濘坑道，便可到達瀑下觀景台，
單程 4 公里長，花近 45 分鐘。

🎯 **六角柱**

冰島是個火山國家，
岩漿擠壓的六角石柱遍布不
同 地 方，如 Reynisfjara、
Dverghamrar、Kirkjugolf、
Kalfshamarsviti、
Litlanesfoss 等。

1	2
	3
	4

1. 深山美瀑 /2. 六角圍牆 /3. 層次
鮮明 /4. Hundafoss 小瀑

107

魔鬼的傑作

近看瀑布是一排排緊扣的石柱，上半部岩層向外伸展如屋簷，形成一度牢不可破的圍牆，把遊人重重困住，水源彷彿從天傾倒下來，直奔瀑底，把石礫瘋狂沖刷，發出砰砰巨響，石壁反彈回音，餘聲繚繞不絕；視覺上，深色岩柱與潔白流水造成強烈對比，在旁佈滿青草小花，整個環境令人置身世外境地。這度獨一無二的瀑布，刺激了冰島建築師的想像，把穿梭機教堂和國家劇院的設計融入當中。

瓦特納冰川國家公園

自 2008 年起，這個地方成為了整個歐洲最大的國家公園，面積比香港大 4 倍多，自然環境異常豐富，包括冰原、瀑布、河流、峽灣、高山和多條行山徑，是冰川健行的熱門地。

冰島露營

以安全為首，強烈建議只在夏天露營，雖然仍有機會遇上惡劣天氣，但相對比較穩妥。切記只能在指定地點紮營，否則觸犯法例，冰島有不少設施完備的營地，提供浴室、廁所和電力，而且接近餐廳和店舖，十分方便。參考網頁：

<table>
<tr><td>1</td><td rowspan="5">6</td><td>7</td></tr>
<tr><td>2</td><td></td></tr>
<tr><td>3</td><td></td></tr>
<tr><td>4</td><td>8</td></tr>
<tr><td>5</td><td></td></tr>
</table>

1. 雪山遊徑 / 2. 曲折小路 / 3. 綠草營地 /

4. 開揚路段 / 5. 樹影婆婆 / 6. 近鏡特寫 /

7. 水流直瀉 / 8. 登山客旅

20
Jokulsarlon

冰河湖

冰　島

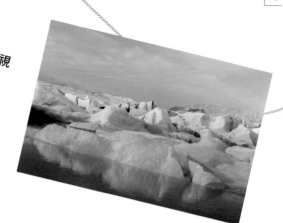

如果世上有一個地方，經常出現在電影、電視和 MTV，甚至是郵票主題，你可以想像這地方有多麼獨一無二，傑古沙龍冰河湖就是當中的冰島代表。

深廣的藍色大湖

冰島最大的冰原是瓦特納，亦是最大的國家公園，歷史資料說冰河湖 Jokulsarlon 早於 30 年代出現，由於冰川因天氣不斷溶化，使冰河湖的面積不停擴展，水深已超過 200 米，成為冰島之最。巨型冰塊從上游慢慢移動到湖中，流出河口到鑽石冰沙灘。充滿魅力的冰河湖呈藍綠色，一座座小型冰山鋪砌湖面，被陽光照得閃閃生輝，晴天之下更顯迷人，你可走到小山崗上俯瞰，又或走到水邊近觀，偶然發現雀鳥在冰上自由自在地歇息。旅遊熱點配套完善，大型停車場、小食店和洗手間都有，不少 Local Tour 都在這裡集合，例如嘆為觀止的冰洞之旅和悠然自得的快艇船遊，都是不容錯過的精彩行程。

冰川是甚麼？

冰川又叫冰河，由大量冰塊經多年堆積而成，它是龐大的流動固體，因著重力和壓力而移動，全世界最大的冰川當然在南北兩極範圍，佔全球 9 成以上。全球暖化加速冰川溶化，造成泛濫，威脅人類安全，是必須正視的難題之一。

1	2
	3

1. 冰湖近貌 /2. 冰山浮沉 /3. 拍個不停

電影世界的場景

渾然天成的冰島湖美景，自然吸引藝術家來取材，包括電影作品《蝙蝠俠》、《盜墓者羅拉》、和兩套占士邦電影。不少中外 MTV 都有冰河湖片段，最出名的莫過於 Justin Bieber 2015 年的《I'll show you》，連美國、印度、中國和台灣紅星都曾在這裡拍過 MV，此外，Jokulsarlon 風景已不只一次被冰島郵局製成郵票發行，而且深受歡迎。

另類選擇

如果怕冰河湖多人，可退而求其次到 Svinafellsjokull 或 Skaftafellsjokull，同樣源於瓦特納冰川，規模較小，人也較少，但景觀相似，而且有山徑環繞，可走到較高位置俯覽冰川，對於希望專心拍攝的遊人，是個非常不錯的選項。

Local Tour

Iceland Lagoon Zodiac Boat Tours 和 Glacier Journey 是較著名的公司，有船河、冰川行和藍冰洞旅程，提供雪地車、大腳八、快艇和遊船等服務，是真正貼近自然的選擇，夏天是旺季，需要及早預訂。

1	3	7
	4	8
2	5	
	6	9

1. 晨光照耀 /2. 動人戀曲 /3. 遊人眾多 /4. 飛鳥翱翔 /5. 藍湖全景 /6. 冰洞探奇 /7. 連綿山脈 /8. 鄰近冰川 /9. 矮小山丘

113

21 赫本 Hofn

冰島

當你從首都出發，經過南部一連串美景後，漸漸發覺愈走愈荒蕪，來到 450 公里外的港口，名為龍蝦鎮的 Hofn，城內五臟俱全，感覺再次重返人間。

東部第二大漁港

冰島文 Hofn 意思是海港，城鎮在半島之上，背靠
高山，三面環水，有風平浪靜的淺灘，然而走到海
邊，風浪變得甚大，雖然港口水深不過十米，但有
大型碼頭停泊漁船，岸上是一排排的魚類加工場，
足見赫本是東南部漁業的重要漁港，又因這裡是旅
遊旺地，旅館酒店多如繁星，超市、商店和餐廳也
不欠缺，甚至有內陸機場往返首都。

鎮裡走一圈

如果你是自駕遊，入住酒店前不妨到處兜風，你會
發現鎮口有些廣闊農場，長毛馬隨處走動，草地捲
成一個個草球，整齊分佈眼前，別具一番風景。小
鎮有兩所精美教堂 Bjarnaneskirkja 和 Hafnarkirkja，
前者別致小巧，後者肅穆且具氣派。此外，如果夏
天酒店滿房也不必擔心，市中心有大片營地，天造
地設，盡享湖光山色，算是最美住宿。

1. 農場馬群 /2. 小屋盤踞灣岸 /3. 漁港
全貌 /4. 特別裝置 /5. 莊嚴教堂

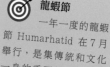

龍蝦節
　　一年一度的龍蝦
節 Humarhatid 在 7 月
舉行，是集傳統和文化
一身的重要節日，既有
美味龍蝦品嘗，還可淺
嘗美酒，當地人亦會穿
上橙衣裝扮成龍蝦。

慢步海濱長廊

泊好車輛，放慢節奏，徒步走到西邊海濱長廊，好好欣賞海邊風光，潟湖廣闊無邊，水退後光影閃照，日落時份，引人入勝。1.5公里長的步道有簡約健身設施，也有人慢跑和踏單車，倦了便躺臥草原上賞雲，閒情逸致，此刻無價。

開車到港口方向，看到漁船聚集，工人忙碌地把漁獲御下，經過也會聞到海鮮味道。再往前走直達小山頂，那是個開揚的觀景點，360度無阻景色，一邊向著大海，一邊回望整個城鎮，亦可眺望Stokksnes，風光無可比擬。中央有三枝石柱豎立，誤以為只是藝術品，原來卻是個漁民紀念碑。試過在這裡遇上極光爆發，整個黑夜染成綠色，光芒四散，漫天舞動，拍了很多很多照片。

住宿推薦

鎮內設備完善的酒店 Hotel Hofn 在海邊，門前的半月形藝術雕塑最易辨認，酒店房間數量不但多，而且高級闊落，打開窗遠看海景和草坡，餐廳美食應有盡有，還可吃到地道龍蝦呢！而另一間優質旅館是 Apotek Guesthouse，平房小屋佈置像一家小餐廳，房內整齊乾淨，也有獨立浴室，廚房器具齊全，方便客人煮食。

東
赫本

冰島沒有賊

有次網上預訂了 Guesthouse，到埗時屋門打開，卻空無一人，枱面留有電話，打去查詢時對方才慢慢從遠處開車過來，等了十多分鐘，老闆斯斯然進來辦理 Check in 手續，我們好奇地問：為何你這樣放心大開中門？ 他笑容滿面、用不太純正的英文答： 我們這裡沒有小偷的。

1	3	5	6
			7
2	4	8	

1. 海邊健身設施 /2. 遠看城鎮 /3. 優美營地 /4. 漁民紀念碑 /5. 密室瀑布 /6. 鮮味龍蝦 /7. 鎮內郵局 /8. 醉人極光

🎯 **博物館**
赫本有所冰河博物館 Hofn Glacier Museum，展覽當地冰河地質、歷史、以及生態。

22

Stokksnes

斯托克尼斯

踏足過冰島土地 4 次，也曾花半個月完成環島之旅，
如問那處美景令人印象最為深刻？我們毫不猶豫地
回答：「一定是東南部的 Stokksnes 半島」。

冰島

原始咖啡店

離開 Hofn 小鎮 20 分鐘車程,可來到接近海岸位置,如要開車直達沙灘,必須在閘前小木屋購買入場票,原來那是一間咖啡店,外牆和內裡都是原始木材建成,環境雖不豪華,但相當舒適,木架放滿冰島風景書籍,牆上掛著古舊的照片,安坐小店喝杯濃香咖啡,吃個美味餡餅,回味無窮。試過因為外面風雪極大,站也站不穩,店子成了最安全的避難所,店員熱情招待,説老闆是農場主人,不種不收,只養馬匹,也提供簡單住宿,方便遊人半夜拍攝極光。

1. 魯冰花滿佈 / 2. 冰島馬匹 /
3. 怪異雲層 / 4. 有角的山 /
5. 咖啡店門外

冰島馬匹

為了抵受惡劣天氣,冰島馬非常強壯,亦是世上最純種的馬匹之一,因為當地政府很久以前已經立法,禁止出了國的馬匹回流冰島,避免混種。聽説一匹優良的馬十分值錢,甚至是冰島破產後極重要的經濟來源。

最壯麗的山脈

小屋外有個小小觀景台，可近距離觀賞背後極其雄偉的山脈 Vestrahorn，外形陡峻非凡，千萬顆石礫從山上散落，氣勢磅礡，尖削副峰綿延不絕，難怪有人說：「這是冰島最令人窒息的驚人美景！」，更有人說：「Vestrahorn 是長了角（horn）的山！」，實在非常貼切。山腰下有數間草屋 Viking Village，似是個荒廢小農莊，但原來不是真正的廢村，而是臨時搭建的拍攝場地，聞說電影最終沒有上畫。

海角雷達站

巨岩海岸邊的雷達站 Hofn Air Station 有著悠久歷史，是美國空軍監察基地，以偵測蘇聯飛機，關閉於 1992 年，現改為空中交通控制站。

1	3
2	4

1. 冰島小狗 /2. 結冰湖面 /3. 晨霧飄送 /
4. 老闆請喝咖啡

黑沙與草堆

過了閘口來到長長的碎石路，兩旁盡是黝黑的幼沙，大風一吹，漫天飛舞，形成一個特別的奇觀。水退時沙灘像軟泥，可以漫步細賞，風浪塑造了一個又一個小沙丘，腳邊長滿金黃的草披，被海風吹彎了枝莖，整齊得像梳理過一樣，這些前景配合後方的 Vestrahorn 是上佳構圖，交纏山脈錯落有致，有點像蝙蝠展開翅膀。來這裡要看準天氣，下雨和下雪都不適宜，因為海岸超級大風，最好是潮退時間，沙灘上留下水窪，倒映著醉人風景，甚至像天空之鏡。

後記

我們嘗試過連續兩天到來 Stokksnes，因為第一天風雪飄搖，拍不到理想畫面，於是刻意逗留多一日，終於得償所願，第二日天氣晴朗，無風無浪，或許這是攝影人的執著，對美景的渴望和追求，我們一定會再來，拍攝極光下的蝙蝠山的神秘面貌。

```
1 |
  | 3 |
2 | 4 | 5
```

1. 雪山倒影 /2. 水窪與黑沙 /3. 手繪地圖 /
4. 寒雪風飛 /5. 日出色彩

23

忘憂之城

Reydarfjordur

冰島

冰島城市多姿多采，如果
雷克雅未克是繁華代表，
Reydarfjordur 便是幽靜
的代名詞。

驚世峽灣風光

來到極東之地雷扎爾菲厄澤並不容易，從冰河湖起始，最少
四、五小時車程之久，還有些路段在懸崖之上，令人驚心動
魄。如果你是乘客，你會慶幸自己不用駕車，可以專心地注
目欣賞峽灣的驚世風光，馬路沿海而建，左是撼動人心的壯
麗山峰，右面有曲折驚奇的海岸線，每轉一個彎，景物隨之
變化，交纏錯落的山脈好像在面前挪開，重重疊疊，幽幽折
折，完全是一場眼睛盛宴。

環保鋁廠
市中心 5 公里外有
家冶鋁廠，聽說有全球最
先進技術，環保而高效，
也是冰島最大的廠房，每
年佔出口量 GPD 10%。

最長峽灣

前往 Reydarfjordur 旅途上會經過幾個沿海小鎮，冰島文
都是以「fj」、「r」、「ur」 為尾，就是峽灣的意思，
累了可以到油站補給，喝杯咖啡休息再起步。以駕駛角度
來説，兜兜轉轉的路並不好受，但我們仍然大力推介你在
Faskrudsfjordur 前選擇右路， 繼續繞著海岸前進，因為那裡
是東部最長的峽灣，山脈最為壯觀，波瀾卻出奇平靜，三十
公里長的水道把天空和群山映照在水面上，碧水萬頃，天下
無雙。

1	
2	3

1. 峽灣黃屋 /2. 冰封城
市 /3. 風雪避難所

小城風光

鎮裡只有千二人居住，房屋都建在小山坡上，面朝灣岸風光，背靠遼遠高山，遊客不算多，四處幽幽靜靜，特別是西面兩個小湖範圍。另外，由於這裡在二戰時被英國佔領過，所以仍有當時的遺跡，有興趣可到戰爭博物館參觀，附近有輕鬆郊遊徑沿河並行，5月溶雪後百花盛況，鳥語花香，中途到達 Budara 峽谷和瀑布，清幽寂靜，是遊人必到的景點。

停住的時鐘

去年 11 月，我們在這個深邃的小鎮，渡過了人生最漫長的 4 天 3 夜。那次我們午後從赫本開車，目的地是 Egilsstadir，本來天氣一直放晴，到了半路開始下雪，而且愈來愈大，水撥漸漸失去功能，地上積著厚雪，車不能開得太快，到了 Reydarfjordur 已經是晚上 8 時，天色極其幽暗，油站職員說道路開始陸逐封閉，意味著我們將被困在城內，眼見前無去路，環境惡劣，於是立即思考住宿問題，輾轉找了一間小旅館，職員忙得雞手鴨腳，她說多年未試過如此狼狽，我們安頓後匆忙吃個晚餐，再計劃餘下行程。天氣沒有遷就我們，而且愈趨嚴峻，更令全市突然停電，只能靠蠟燭照明，就這樣，呼吼的風雪整晚沒有停過。

冰封三尺

第二朝走出房外，門卻打不開，原來被三尺厚雪堵住，要靠職員幫忙鏟雪。外面情況雖

1. 流水凝滯 /2-6. 滯留拾
影 /7. 餐廳佈置

🎯 **體育館**
　　此鎮雖然平平靜
靜，但也有動態一面，市
內有大型綜合體育場地，
提供各式各樣的運動設施。

然沒有明顯好轉，霜雪堆積如山，連馬路也幾乎看不見，車門柄和擋風玻璃藏在 8 寸厚的雪下，開車前要先清理妥當，偶爾我們會在城內兜圈，看看暴風雪下的境況，路上人煙稀少，店舖大都關門，整個地方只有白色，而且時間好像靜止了。城中大概剩下超市仍然開門，買食物和用品是我們唯一的「消閒」活動，幸好旁邊還有一家體育店可以打發時間，與老闆閒談間說：「風雪在這裡極為平常，但這樣強烈的近十年也未見過！」

既來之 則安之
由於交通意外頻生，全國道路完全封閉，我們只能再留幾天，吃喝都在旅館餐廳，認識了兩位敬業的少女，一個是法國人 Laura，另一位是來自波蘭的 Agnieszka。她們熱情好客，事無大小也盡力完成，幫助了我們很多很多。這場風雪讓我們感受到自然界的威力，見識了冰島天氣的喜怒無常，也學懂處之泰然的道理。

北部

北部鑽石圈有令人驚嘆的景點，冬日米湖的靜美、黛提瀑的澎湃和地熱谷溶岩地貌，無不讓人嘖嘖稱奇，北部是一首冰與火的讚歌。

24 米湖
Myvatn

冰　島

米湖是北部一個知名的風景區，佔地 37 平方公里，火山熔岩形成特殊的地質景觀，猶如月球表面，連美國太空人也進行過模擬訓練。湖泊水淺而營養豐富，資源得天獨厚，多有雀鳥和魚類棲息，尤其是不同品種的鴨子，獨有種類 Barrow's Golden 幾乎只能在米湖找到，所以也是觀鳥和釣魚勝地，如要看盡米湖風光，建議最少住上兩天。

◎ 米湖蚊子

　　Myvatn 是蚊子湖的意思，夏天飛蠅可能為患，嚴重時眼見牠們會在水面一團團亂飛，人要戴上頭罩，到了冬天又會消失得無影無蹤。

假火山口 Skutustadagigar

米湖南面有多個假火山口，有平緩小徑連接，人似是登陸了月球，站到高處景色遠揚，冬天時湖面結冰，一個個小山丘有如小島浮在冰湖上，飄雪又把周遭蓋上白色地氈，動人一剎，此刻難忘。夏天風景分別很大，湖泊大得像個海灣，到處長著綠草小花，人可安然地散步慢走。Stakholstjorn 是湖中湖，水面份外平靜，常有小鴨暢泳，悠然自得。

1 | 2　　1. 溶岩土地 / 2. 小城一景

米湖拾趣

試過從東部峽灣開車到達米湖，早上爬起來拍
日出，已經多穿衣服，手套和厚襪兩對，怎知
愈拍愈寒，手指和腳趾麻痺，身體僵硬，動彈
不得，連手機和器材也會偶爾失靈，原來當時
已低至攝氏 -18 度，比起前一晚的 -5 度，足足
降了十多度，怪不得身體未能適應，所以出發
前應先看看天氣環境。

1	3
2	4

1. 火山密佈 / 2. 湖景酒店 /
3. 零下 18 度 / 4. 零散遊人

◎ **真火山口**
　　高 400 多米的惠爾山 Hverfjall 是真火山，在米湖以東，1 公里直徑看來很大，地質成份不適合植物生長，所以寸草不生，荒涼一片，但因景觀極佳，所以是熱門遠足徑。

◎ **假火山口**
　　這種現象是熔岩流過濕地時，困住的蒸氣造成壓力，引起爆炸，結果地面下陷，所以並非真正火山口。

東面岩柱 Hofdi

米湖另一種奇妙的風貌集中在東面的 Hofdi 半島，那是一幢幢溶岩石柱，在湖面上升起，每支形態各異，彷彿像水怪探出頭來，又似桂林山水奇峰，你可以想像溶岩當時流動的畫面。半島內叢林密佈，沿著小路很容易便找到「牠們」。

北面小鎮

如果從東面來米湖，入口是 Reykjahlid 小鎮，主要經營旅遊業，所以區內多有旅館，也有遊客中心，經過時不要忘記在超市補給，鎮內較具規模的酒店是 Fosshotel Myvatn，房間又新又多，也接近景區，相當方便。酒店門前有廣闊的溶岩地貌，夏天被大片青草覆蓋，也有一些細小的裂縫和地下岩洞，頗具特色。

🎯 米湖馬拉松

米湖一年一度的跑步比賽，吸引了很多冰島人和遊客參加，原因是其路線會經過美麗的景區，近身接觸不同地貌。

🎯 鑽石圈

冰島南部景點集中地叫黃金圈，而北面則叫鑽石圈，即是最值得遊覽的地方，包括：米湖、觀鯨小鎮 Husavik、Godafoss 和 Dettifoss 等。

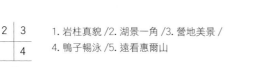

2	3
	4
1	5

1. 岩柱真貌 /2. 湖景一角 /3. 營地美景 /
4. 鴨子暢泳 /5. 遠看惠爾山

25 地熱谷

Hverir

冰島

如果你喜歡黃金圈的間歇泉，在鑽石圈裡的 Hverir 地熱谷就不能錯過，獨特景色有過之而無不及，假若你沒有機會漫遊火星，就一定要抽時間探索這裡。

泥土也呼吸

這個平坦面廣闊的地熱谷躺臥在 Namafjall 山峰之下，面積超過 20 個大球場，一望無際的土地似是個蒸氣浴場，從無數地孔噴出沸騰熱氣，其中有氣洞堆滿石頭成了小丘，散發迷濛白霧，發出呼呼響聲，人像置身桑拿室，雖然外面冰天雪地，但在這裡你可感受冰島的溫度，一個冷熱交融的奇妙國度。

🎯 地熱是寶藏

火山帶的熱能帶來了米湖溫泉，是個消除舟車勞頓的好地方，每個旅人都應一試，溫泉對面有另一個較大藍湖，景色一流。此外，離米湖 15 分鐘車程，還有一個絕美的火山口湖 Viti Crater，千萬不能錯失。

1	2
	3

1. 冰與火 /2. 藍湖地熱發電 /3. 大浴池

1 | 2
  | 3
  | 4

1. 熾熱地洞 /
2. 蒸氣騰騰 /
3. 鳥瞰全景 /
4. 入口簡介

大地調色盤

漫步在火星表面，到處都是橙黃色的沙土，也有藍藍灰灰的泥漿，圖案五花八門，細心觀察可發現閃閃的結晶，遇上陽光充沛的日子，色彩更為鮮艷奪目，大地是個巨大調色盤，上帝是畫家，一張唯美的油畫呈現眼前。尤其當你跑到 Namafjall 山頂，極目景致無阻，盡窺地熱谷的全貌。

◎ 安全事項

　　部份熱氣洞並不穩定，可以突如其來噴發，溫度可高達攝氏 200 度以上，所以無論觀賞或拍照都不要走得太近。地熱谷濕滑而遍佈泥濘，應穿保暖性高和咬地的長筒鞋。

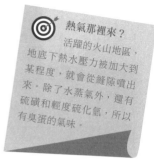

熱氣那裡來？

活躍的火山地區，地底下熱水壓力被加大到某程度，就會從縫隙噴出來。除了水蒸氣外，還有硫磺和輕度硫化氫，所以有臭蛋的氣味。

1	4
2	
3	5

1. 出氣口石塔 /2. 專注攝影 /
3. 彩光斜照 /4. 大地調色盤 /
5. 新的一天

金光渲染霧氣

風光如畫的地方，配合適當的時間，會有加倍動人的效果。那次在米湖住了兩晚，堅持清早起來看日出，可是天不造美，到處都是灰灰濛濛，雪地上是白色，眼前霧氣也是白色，沒有層次，沒有光影，難免令人失望，萬料不到的是，地平線與天際交匯處漸漸發亮，隨即一道金光散射，照紅了半個天空，瀰漫的霧水成了媒介，渲染成萬紫千紅，連白雪也被塗上燦爛色彩。

美景如何拍？

攝影是表達現場美麗的一種方法，多以廣角鏡頭，納入地上的紋理或圖案為前景，後方以山峰和天空做背景，偶然加入人物點綴，可展示場景的廣闊，亦可用變焦鏡多拍一點地貌特寫，使整套相片更加豐富，花些時間加上文字經歷，分享給你的好朋友吧！

26 黑色城堡
Dimmuborgir

冰島

世上很多地方都會和宗教及傳說扯上關係，就如
米湖東面的大片岩漿地域 Dimmuborgir，冰島語
意思是黑暗的堡壘，就和一些民間傳說有關。

黑色神話

在冰島民間故事中，Dimmuborgir 是地獄和地球連接的空間，也是撒旦從天而降之地。另外 Yule Lads 是另一個有趣傳說，每年在聖誕節到新年期間的十三天裡，有十三個面目醜陋和兇惡的小鬼，他們並不是善男信女，喜歡到處破壞和惡搞別人，例如進入農場騷擾羊群，或是偷牛奶偷香腸之類，又喜歡在半夜大力敲門驚醒別人，後來傳說演變成童話，他們打扮成聖誕老人出現，在小朋友的窗前放下糖果，以示獎勵，相反，對於不聽話的小孩，只能得到一堆爛豆。

魔域迷宮

Dimmuborgir 是個已開發的旅遊點，設施尚算齊全，入口有咖啡室和禮品店，店外景觀開揚，可以清楚看到惠爾火山的外貌。

黑色之旅

Dimmuborgir 和米湖有一些本地團，除了遊覽附近風景外，還有專人扮演 Yule Lads，帶你參觀工藝品和地下屋等文化傳統。

1	2	3
		4
		5

1. 地獄之門 /2. 高處望遠 /
3. 舉步難行 /4. Yule Lads 精品 /
5. 岩壁堡壘

請你記清楚記著咖啡店的位置，因為當你進入 Dimmuborgir Walking Path 後，這店就是你認清方向的重要標記，官方因應遊客體力，設計了 6 條路線，有難有易，短則 15 分鐘，耐則兩小時，小徑位處低位，分支路很多，人被石陣重重圍困，四周景色極度相似，一不小心便會走錯，建議入黑前及早離開。

地獄之門

當火山爆發時，溶岩傾流而出，流經大地的水塘時，蒸發了水氣，使岩漿裡形成管道，冷卻後的溶岩遺下大量空間，有的很細小，有些卻大如房間，可以容納多人。Dimmuborgir 就是這樣渾然天成的一個地方，深黑的石頭遍佈荒野，抬頭看到一座石山十分吸引，中間有一個天然大洞，約有 4 米直徑，怪異嚇人，氣勢非凡，難道就是傳說中的地獄之門？想像晚上來到攝星，一定相當可怕。

◎ **極光**

　　黑色城堡肯定是個看極光的絕佳位置，晚上現場黑暗，稀奇古怪的石頭特別多，四周沒有高山阻礙視線，而且巨石擋風，不會感到太冷。

$$\frac{\begin{array}{c|c}1 & 4\\\hline 2 & \\\hline 3 & 5\end{array}}{}$$

1. 洞外景色 /
2. 層次分明 /
3. 不怕冷的小鳥 /
4. 魔界地域 /
5. 雪厚 3 尺

溶岩藝術館

天然形成的地貌好像一個雕塑展覽館，每顆石頭都不一樣，既像怪獸，又似魔鬼，形貌千奇百怪，此區山洞特別多，大大小小，分佈不一，其中一個叫做教堂山洞，是個鐘形的溶岩洞穴，高約十米，有梯級連接，真像一個哥德式教堂，為這個地方添上不少宗教色彩。

白色城堡

那次來到剛下了大雪，巨石只有頂部是黑的，整個地域轉成白色，可怕的感覺一掃而空，環境好像聖誕城堡，彷如置身童話國度，唯積雪太厚，所有路徑都被淹沒，連指示牌也看不見，每走一步就會留下很深的腳印，所以原本 15 分鐘的路程，竟花了一小時呢！

27 眾神瀑布

Godafoss

位於鑽石圈內的黛提瀑布，有人比喻為野獸般兇猛，而眾神瀑卻如美女一樣溫婉，她可能是我們見過最驚艷的瀑布之一。

冰島

何來有神？

在入口的告示牌似乎已描述了這個故事，冰島在第一世紀末，有位冰島議會的法律仲裁人，正在苦惱國家信仰應該歸入基督教或是北歐眾神，後來他下定了決心，於是把一直供奉的偶像，從家裡 Ljosavatn 搬到附近的瀑布，全數掉入河中，於是基督教就變成冰島的國教，這段軼事也記錄於不遠處的阿克雷里大教堂之內。

河水川流不息

在米湖循環島公路開車半小時，便可輕易找到 Godafoss，咖啡店旁邊有綠色鐵橋，與碧清河水相映成趣，大橋橫跨水量驚人的 Skjalfandafjot，是冰島第 4 長河流。河岸崎嶇，兩邊各有特點，可以從不同角度欣賞美瀑。Godafoss 河口呈半月形，雖然不算高，但勝在夠寬闊，百多尺闊流水萬馬飛騰，好比水塘雨季排洪，聲音震天動地，響徹雲霄。

1	4
2	5
3	

1. 瀑布由來 /2. 夏日野花 /3. 屏息靜氣 /
4. 到處拍攝 /5. 夏日流水

北歐神話

北歐神話流傳在挪威、瑞典、丹麥和冰島等國家，主要描寫世界末日和重生思想，信仰包含 9 個世界和眾多的神靈，較著名的有掌管生死的 Odin，海洋之神 Njord 和近年電影常出現的雷神 Thor，雖然北歐神話在真實世界已經不多傳頌，但今天無論電影、動畫或遊戲，仍然多以此為題材。

停頓的世界

看過冰島不少瀑布，眾神瀑的河水是最碧綠，細看之下又帶點蔚藍色，
有人形容 Godafoss 是美女，那麼白雪就是粉底，流水便是輕紗，姿態
優雅動人。我們計劃行程時看過很多網上圖片，大多是夏天時拍的，到
了親身踏足於此，竟換成冰天雪地，石頭和崖壁都披上白紗，天氣冷得
連流動中的河水也凝結，世界彷彿停頓了，人甚至可以踏上河面，地上
是一片片幾何形狀的冰塊，雜亂無章地散落，令人印象深刻。

冰島河流

　　如以長度計算，
冰島最長的河是 230 公
里的 Thjorsa，第二位的
Jokulsa 也有 200 多公
里，由於河流多是起始
於高山冰原，山勢崎嶇，
急湍不定，深度不足，
所以大部份不適合航運，
卻有利於水力發電。

冰 島

Laufskalavarda —————●●————— Lomagnupur Mountain

好運石塔
Laufskalavarda

1

堆石塔似乎是冰島人的傳統，代表著紀念和
祝福。沿 1 號公路必會經過的景點，很多人
也不會留意得到，因為現場平坦，加上厚雪
可能蓋滿，遠看根本不會察覺，近看是一座
座小石塔，有點像牛糞堆，原本從前的人每
經過這裡，都會放一塊石頭，祝福旅程順利，
因為當時路況並不如現在安全，冰島政府為
傳承這個傳統，甚至用車把小石運來，方便
遊客。那次停留這裡，發現地上冰塊碎裂，
形成多變的幾何圖案，美麗極了。

方形石山
Lomagnupur Mountain

2

Lomagnupur 是南部最標誌性的石山之一，難怪冰島 1990 年郵票也曾以此為題材，山頂部份像粒四方骰子，下半卻是三角型斜坡，整體巨大而高聳，尤其你駕車經過山腳，筆直懸崖好像倒塌面前，事實上它曾幾度山泥傾瀉，石塊從 700 米高飛脫下來，可想當時情景有多震撼。獨特外型是攝影師們的拍攝對像，附近有野花和草地，還有多條淺淺的流水，晴天之下要拍山脈倒影並不困難。雄偉的 Lomagnupur Mountain 也是登山者的熱門之選。由於山腳並沒有停車場等設施，所以大部份人都是開車經過而沒有走近欣賞。

1
—
2

1. 如履薄冰 /
2. 青草石山

冰　島

Svinafellsjokull Glacier ● ● Hali Country Hotel

斯維納山冰川
Svinafellsjokull Glacier

3

這個冰川完全不需走路，是泊好車即可到達的美地，它源於瓦特納冰原，流經 200 多公里形成，比起附近的 Skaftafellsjokull 冰川略小，但景觀同樣動人，特別在陽光照耀下，水色份外蔚藍，巨冰堆滿四周，好像一條定鏡的河流，有人喜歡冰川健行，就是在這裡起步。我們到過兩次，景色不盡相同，如果你喜歡冰河湖，你也同樣喜歡 Svinafellsjokull。

忘憂旅店

Hali Country Hotel

4

Hali Country Hotel 是最接近冰河湖的優質酒店，如要到鑽石沙灘拍日出，這裡是必然之選。酒店餐廳外場最是吸引，裝飾得像一排書脊，有點童話書的意味，內部整潔舒適，牆上掛滿風景照片。酒店範圍頗大，房間都設在湖邊，一望無際，平湖如鏡，背靠一列如屏風的雪山，景色醉人，房內以維多利亞式裝飾，美侖美奐，強烈推薦這家酒店，就算你不打算入住，最少都要到餐廳吃個午餐，順道四周逛逛。

1
—
2

1. 冰雪世界 /
2. 山脈連橫

無名瀑布
Grófarlækur

地圖上沒有標示，甚至連名字也難查明，如果沒有 Fosshotel Glacier Lagoon 酒店成為路標，相信也很難找到這條深藏山谷的瀑布，酒店前有小路直達瀑腰，往下看像個大洞穴，回音響聲如雷，如果走到瀑底，應該更加壯觀。順便走到酒店內參觀，非常富有格調的設計，深啡而不規則形狀的幕牆，配上原始的灰色水泥間隔，好像藝術品一樣，我們也品嘗過餐廳美食，都是一流水準。

冰　島

Ægissidufoss ●　　　● Grdfarlækur

農莊瀑布

Ægissidufoss

6

與其說 Ægissidufoss 是一道瀑布，倒不如說
是一條寬展的河流，瀑布以農場 Ægissida 而
命名，水量驚人，景色明麗，由三條支流匯
合而成，水色青翠耀眼，旁邊是片綠油油草
原，雖然它離開 Hella 主路有一段距離，仍然
值得一遊，如果上次不是司機領路，我們就
會錯失這個便利美景。

1	
2	3

1. 無人問津 /2. 華麗酒店 /3. 闊廣河床

155

7 ◆ 草皮村莊
Viking Village

東部 Hofn 的 Vestrahorn 山腰下有數間草屋叫 Viking Village，都是長著青草的草皮屋，座落在雄奇險峻的 Vestrahorn 之下，它貌似個荒廢小農莊，但原來不是真正的廢村，而是臨時搭建的拍攝場地，聞說電影最終沒有上畫，但就此遺留下來成為特別景點，它由路口的 Vik Cafe 管理，所以進入前必須購票，而且不可開車，需走 10 分鐘時間。

8◆ 苔原步道
Scenic Green Lava Walk

冰島南部公路貫穿溶岩地帶，整體地勢平緩，但岩石一顆顆散落地上，
夏天是長滿青苔的翠綠色，冬天卻積著軟綿綿的雪芭。有小型停車場和
寬闊路徑，更有觀景台讓你從較高位置察看廣闊的岩漿地域。那些青苔
又叫凍原，是一種在極端環境下生長的植物，冰島人對它們愛護有加，
絕不建議離開步道踐踏。

1	3
2	4

1. 電影佈景 /2. 崇山峻嶺 /3. 冬季黃昏 /
4. 綠色寶石

冰島 拾遺

凱德靈加山 Kerlingarfjoll

位處中部的凱德靈加山是冰島眾多火山的其中之一，需要穿梭崎嶇 F 路和渡河才能到達，啡黃色泥土配上未溶白雪，深谷內熱氣瀰漫，是它的最大特徵。

秘密温泉 Secret Lagoon

雷市以東 100 公里外的 Fludir 小
鎮，有個河畔隱世温泉 Secret
Lagoon Hot Spring，鳥語花香，
環境幽美，價格便宜，還有精緻
餐飲，是必遊地點之一。

▲ 婚紗瀑布

Aldeyjarfoss

如果你喜歡眾神瀑布，也一定喜歡 Aldeyjarfoss，對稱的河谷和澎湃的河水，以及好像壁畫的六角柱石紋，都令人難以忘記。

◀ 北極巨石陣 Arctic Henge

在冰島極北之地，荒野上矗立著巨大石群，感覺神秘莫測，多少人晚上以石陣構圖，拍下極光美照，然而夏天以野花襯托，一樣意態迷人。

黑沙灘 Djupalonssandur

一連串岩石被海浪侵蝕，形成獨有的岩石奇觀，淺水湖潭如鏡清澈，廣闊海灘清風送爽，是斯奈山半島最精彩地標之一。

小羊瀑布 Sheep's Waterfall

幽靜山谷青草遍野，羊群時有出沒，
河流千回百轉，跌宕崖壁形成飛瀑，
瀑下岩層破裂，驚現水濂密室，走進
洞內倍感清涼。

◀ **魯冰花教堂**
　 Ingjaldsholskirkja

極西城鎮 Hellissandur 沒有熱門
的景點，但每逢夏天降臨，一條
小路、一間教堂和一大片魯冰
花，交織成最驚艷的畫面，成為
無數攝影師取景的地方。

▲ **歌聲岩洞**
　 Songhellir Cave

碎石山路 F570 峰迴路轉，引
領旅人到達詭異奇洞 Songhellir
Cave，山坳狂風大作，使洞穴引
發共鳴，發出呼呼巨響，放眼無
人，格外可怕。

漁港小鎮
Stykkisholmur

城鎮 Stykkisholmur 的
建築美侖美奐，海邊
碼頭風景最是注目，
尤其走到油油綠草的
山崖小坡，俯視整個
港口，山崗上的橙色
燈塔都是打卡熱點。

▶ 大象岩石
Hvitserkur

西北部著名景點之一，觀景台下有崎嶇小徑連接沙灘，
一座巨大岩石海中隆起，狀如大象飲水，黑色石崖上
有雀鳥盤踞，藍天之下，景色動人至極。

死亡公路 F Road 917

Vopnafjordur 漁港景色優美，海岸線風光宜人，然而連接東面的公路極險要，不但傾斜，而且彎多，車像行走在懸崖之上，稍為走歪，失足成恨，旁邊山勢陡峭，奇石遍山，車子愈走愈高，愈走愈斜，到達山頂時大霧迷漫，冰封積雪，加深了駕車的心理壓力，下山一段更為驚心動魄，海拔 600 米高的斜坡下臨無底，車路九曲十三彎，堪稱死亡公路。

◀ 羽毛狹谷
Fjarrgljfur Canyon

南部山脈之間，有一隱世河谷 Fjarrgljfur Canyon，近年車路開拓，成為必遊景點，谷內山青水碧，群石聳峙，奇形怪狀，如猛獸，如毒蛇，令人一見難忘。

◀ 教會殿堂 Kirkjugolf

冰島六角柱多如恆河沙數，大都是高聳直立，高不可攀，Kirkjugolf 卻截
然不同，它位於草地遊徑之間，石柱只有頂部露出泥土，六角橫切面酷
似峰巢，又像地上階磚，難怪人稱為 Church Floor。

斷層狹谷 F Road 939

東部峽灣景觀明麗，可是路途很長，時間不多唯有走捷徑，939 公路穿
越山谷盤地，多有溪流瀑布，可是最美景色是它的山脈形態，互相交疊，
層層遞進，好像重重海浪。

綠寶石沙灘 Hvaleyri beach

首都附近的灣岸 Hvaleyri beach 不算特別幽美，但每年夏天回暖，灘上圓渾石頭都會長出水草，蓋滿整顆石頭，就像綠色寶石一樣。

▶ 布倫迪歐斯 Blonduos

布倫迪歐斯是沿海城市，地勢平坦廣闊，站在西面山丘視察，景色千里無礙，野花遍地生長，構成最動容的景致。

冰島
知多D

冰島，一個遙不可及的北歐國度，從前的人對她的認識少之又少，2010 年卻因火山爆發影響歐洲航運，各國媒體實地報導，冰島震驚世界的景色得以展現人前，加上電視電影推波助瀾，冰島成為近年最熱門旅遊地方之一。

冰島人口

國土面積 10 萬 3 千平方公里，卻只有 33 萬人居住，而且每逢冬天，有大量居民到其他國家暫住，如果不是遊客日增，冰島很多地方都是無人之境，平均每 3 平方公里才有 1 個冰島人，好些地方開車 10 多分鐘才有幾間小屋，如果你喜歡寧靜和與世無爭，這裡是你的最好選擇。

冰島天氣

很多人誤以為冰島一定很冷，其實不然，雖然接近北極圈，卻因為海洋暖流，溫度變得相對和暖，比起加拿大或挪威高得多，冬季平均負 5 到 2 度，夏季一般 6 到 13 度，但冰島天氣幻變，半天內可能經歷下雪、陰天、晴天，也要留意隨時刮大風，尤其在海岸地帶。

冰島的教堂

基督教是冰島的國家信仰,超過 85% 人信奉,有少部份人仍相信精靈傳説和北歐神話,所以基督教堂全國隨處可見,約有 350 座,最大就是首都的穿梭機教堂。

冰島的燈塔

先不論燈塔的導航功能,幾乎每個都是觀光景點,豎立海邊環境空曠,海岸奇岩遍佈,而且建築各有特色,豪不誇張地説,每個燈塔都是一張美麗的名信片。

冰島的服裝

到冰島的遊客多數會選擇戶外服裝,有幾個著名的地道品牌值得參考:Icewear、ZO-ON、Cintaman 和 66°North,當中Icewear 主打傳統羊毛衫,樸素保暖,也有部份登山服,價錢較平,而 ZO-ON 和66°North 最型格、最昂貴。

冰島的酒店

冰島人祖先雖是粗獷的挪威人,但都十分有紀律,也愛清潔,酒店都是北歐風格,簡約而整齊,多以白色為主,又以原材料的木材和石頭建造,內裡舒適安靜,餐廳食物優質,就連一般民宿旅店都令人放心入住,而其中一間連鎖酒店 FossHotel,全國都有分店,價錢合理,我們每次都會揀選。

冰島的溫泉

整個國家幾乎都在地熱區上，溫泉自
然特別多，著名而又方便的有近機場
的 Blue Lagoon 和米湖溫泉，不但如
此，很多地方都有暖水的小河流和湖
泊，例如 Landmannalaugar、Fludir 和
Hveragerdi，環境壯麗非凡，可算是最
美的露天風呂了。

冰島的食物

魚類是冰島主要肉類，其次是羊肉和馬
肉，雞肉都是進口的，一般都以麵包為
澱粉質食物，鯨魚肉也是特式食品，要
到專門餐廳才有，味道和質感很像牛
肉，而比較驚嚇的是，有餐廳以可愛的
Puffin 做餸菜呢，你捨得吃嗎？另外冰
島野山紅極海參及深海鱈魚花膠，也是
相當有名的特產。

冰島

景點地圖

布倫迪歐斯
Blonduos

大象岩石
Hvitserkur

小羊瀑布
Sheep's Waterfall

魯冰花教堂
Ingjaldsholskirkja

漁港小鎮
Stykkisholmur

草帽山
Kirkjufell

冰

秘密溫泉
Secret Lagoon

博爾加內斯
Borgarnes

金圈之旅
Golden Circ

黑沙灘
Djupalonssandur

火山口湖
Kerid

雷克雅未克
Reykjavik

歌聲岩洞
Songhellir Cave

布迪爾黑教堂
Budakirkja

阿爾納斯塔皮
Arnarstapi

火星地貌
Raudholar

塞爾福斯
Selfoss

綠寶石沙灘
Hvaleyri beach

農莊瀑布
Ægissidufoss

水濂洞瀑布
Seljalandsfoss

眾神瀑布
Godafoss

黑色城堡
Dimmuborgir

北極巨石陣
Arctic Henge

死亡公路
F-Road 917

k

婚紗瀑布
Aldeyjarfoss

米湖
Myvatn

地熱谷
Hverir

27

24

26

25

t

凱德靈加山
Kerlingarfjoll

l

冰河湖
Jokulsarlon

島

忘憂之城
Reydarfjordur

23

羽毛峽谷
Fjarrgljfur
Canyon

玄武岩瀑布
Svartifoss

忘憂旅店
Hali Country
Hotel

v

斷層峽谷
F-Road 939

彩虹瀑布
ogafoss

六角柱崖
Dverghamrar

斯維納山冰川
Svinafellsjokull
Glacier

草皮村莊
Viking Centre

飛機遺跡
Wreked Plane

方形石山
Lomagnupur
Mountain

g

南端海角
Dyrholaey

b

c

19

d

20

21

22

18

維克小鎮
Vik

16

e

鑽石沙灘
Diamond Beach

s

u

教會殿堂
Kirkjugolf

a

好運石塔
Laufskalavarda

無名瀑布
Grdfarlækur

赫本
Hofn

14

15

17

魔鬼岩洞
Hjorleifshofdi Cave

斯托克尼斯
Stokksnes

13

黑沙灘
Reynisfjara

冰島 露營篇

如果來到冰島不介意沒有極光，夏天一定是最好的時機，因為天氣較為穩定，氣溫暖和得多，百花盛開，青草遍地，湖光山色特別動人，而且山路相繼開放，可以看到更多冰島美景。有人認為露營是最貼近大自然的旅行方式，也因夏天酒店費用很高，而且經常爆滿，所以不論遊客和當地人，夏天就會空群而出去露營了。

事實上，冰島有一年一度的文化特色帳蓬節，在8月的第一個周末，每家都開車到郊外露營，與朋友家人共享天倫。當中在韋斯特曼納群島會有大型派對和煙花表演，唯票價並不便宜，約兩萬多克朗。

冰島營地設施完備，多數都有水、電、網絡、浴室和廚房，從5月開始陸續開放，差不多每個城鎮都有露營地方，收費廉價，全都以信用卡付款，Camping Card 網站顯示了很多熱門的地點和實用資訊。

Camping Card

午夜太陽

夏季的冰島日照很長，6月下旬甚至出現永晝現象，即所謂午夜太陽奇景，日落後不全黑，太陽不久便再次升起，對於遊客來說，只怕你不夠精神，卻不怕時間不夠。

日期	日出	日落	日照時間
2018 年 05 月 01 日	04:39:06 AM	09:47:08 PM	17h 8m 2s
2018 年 06 月 01 日	02:52:13 AM	11:35:47 PM	20h 43m 34s
2018 年 06 月 15 日	02:20:20 AM	12:13:03 AM	21h 52m 43s
2018 年 06 月 20 日	02:17:38 AM	12:17:55 AM	22h 0m 17s
2018 年 07 月 01 日	02:33:43 AM	12:06:25 AM	21h 32m 42s
2018 年 08 月 01 日	04:16:42 AM	10:28:04 PM	18h 11m 22s

日照最長的一天

淺嘗 冰島啤酒

旅行難免舟車勞頓，趕了一天行程，最好就是坐下休息，大口喝啖冰凍啤酒，消除疲勞，閉目養神。歷史告訴我們，一本正經的冰島人，其實酷愛啤酒，也有一段曲折的啤酒故事。

啤酒節狂歡

直到 1989 年 3 月 1 日，這度禁令才被撤消，國民興高采烈表示歡迎，自此每年 3 月 1 日定為冰島啤酒節，各家餐廳、酒吧和酒店大攪派對，有人亦會自家釀製啤酒，實行狂歡一番。

禁酒令

1915 年冰島是全國禁酒的，莫說紅酒和葡萄酒，連啤酒也是不容許，當時冰島人因著愛國情懷，拒絕與曾經統治過他們的丹麥一樣過著嗜酒生活，所以全國公投禁酒，6 年後，因著國家之間的經濟和政治原因，解除喝紅酒和葡萄酒的禁令，喝啤酒卻依然不被接納。

超市無真酒

有朋友抱怨，在超市買到的啤酒都是淡而無味，甚至有些好像果汁，原來政府規定，酒精濃度超過 2.25% 的飲品都不能在超市賣，要品嘗真正啤酒就要到酒吧或酒店呢！

0%

1%

2.25%

2%

幾款好喝啤酒

Einstok 是最著名的冰島啤酒，款式特多，最令人欣賞算是白麥啤 Icelandic White Ale，飲用時若雪得太凍，就嚐不到豐富酒味和果香，有人推薦邊浸溫泉邊喝 Einstok 是最高享受。另一推介的是在 Hotel Skaftafell 喝到的 Vatnajokull 冰川啤酒，當時我們正在享用鱈魚晚餐，配一口冰凍的好酒，清新潤喉，苦味流過舌頭後回甘，令人一試難忘。第三款在南部 Lava Centre 品嘗的 Icelandic Moment Craft Beer，此手工啤口感較苦，味道卻是香濃，還有一款丹麥薑啤 Naturfrisk Ginger Ale，溝上冰島的 Light Beer，味道也是一絕。

冰島啤酒種類豐富，品牌又多，要每一款喝遍實在不易，常見還有：Viking、Gull、Kaldi、Brio、Thule、Boli 等等，也會容易找到丹麥進口的啤酒，無論如何，總要一嘗冰島風味，也順道一提，少飲怡情，醉酒無益，開車前更不可沾。

風景 拍攝技巧

近年旅行攝影潮流有增無減,熱門和冷門的國家都有攝影師到訪,而冰島旅行更是近年大熱,但並非所有人都是攝影大師,可能你只是攝影初學者,究竟有甚麼方法提升技巧?我們有不少教學經驗,觀察到很多朋友的問題,歸納出以下重點。

學好構圖

先不論是否懂得使用特殊攝影技巧,就算你只會用自動曝光模式,拍攝最重要的一環必定是構圖,構圖是一張相片的重心,是表達你內心想法,形象化地展現出來,你可能想呈現雲彩的艷麗,或是彰顯山脈的廣闊,甚至是訴説花草的優美。或許你聽過井字構圖、三分構圖或邊框構圖,訓練這些攝影眼光沒有捷徑,必須多看好的作品,也要自己多些嘗試,多更換鏡頭,轉個角度再拍,回家後慢慢重溫照片,透過裁切重新構圖,自然有所進步。

熟習器材

常常碰到一些同學使用昂貴而新款的器材,卻不太熟習基本操作,例如不知道那裡調較對焦點,或是關閉減噪功能,甚至不懂穩固地安裝腳架。熟習自己的器材有助你得心應手地拍攝,而且有效率地捕捉稍縱即逝的美景。錢花了問題不大,最緊要是懂得善用,認真地打開説明書,把 Menu 每個項目細閱一次,常用的功能反覆操作,很快便能上手。

善用濾鏡

現時的相機和鏡頭都不是完美，總有些場景需要使用濾鏡，例如
光差大時要使用漸變灰，拍慢快門需裝上減光鏡，減除景物反光
要配搭偏光鏡，夜景運用光害濾鏡等，每一種濾鏡都有其作用，
不只要懂得用，還要用得好，才能在細節上勝人一籌。

認識後製

後製並不是造假，而是用來突破器材限制、改善拍攝錯誤和展現
看不見的影像，數碼相片的 Raw 檔，根本就是為了修圖而生，
只要懂得相應技巧，就像得到一條鑰匙，可以打開修圖的廣闊領
域，從而改善照片質素，而更重要的是，懂得後製其實也可反過
來改善你的攝影技術。

坐言起行

知識層面上認識攝影，遠不及從實際行動得來的經驗寶貴，風景
攝影最重要就是實戰和交流，多向人發問，多參考別人作品。好
好計劃你的行程，出發前參考多些資料，助你現場專心拍攝，初
時拍不好，日子久了，經驗多了，總能有所進步。

2018
冰島
夢幻絕景

11 天
深度攝影之旅

流浪攝。

https://goo.gl/forms/
Lk6xmNKDmOQ3hrnVH2

美麗雪景如何拍？

冰島的冰雪世界對攝影師有莫大吸引力，構圖充滿美感，猶如聖誕卡裡的風景，怎樣使用技巧留住美景？可以留意以下心得。

1. 注意曝光

如構圖時畫面白雪部份較多，自動測光會被欺騙，相機誤以為畫面夠光而把快門調快了，造成相片不夠明亮，甚至灰灰暗暗，建議 +EV 曝光補償，或直接用手動模式曝光，但切記不能過份曝光，以致影像缺乏細緻。

2. 巧用偏光鏡

雪地反光，令你看不清紋理，如用偏光鏡調至適當角度，可減除雜光，還原雪景真實色彩，一般偏光鏡直接扭在鏡頭上，容易出現黑角，操作上也不便利，建議可試 H&Y 插入式偏光鏡，連同磁石支架，方便靈活，就算再冷的環境也操作自如。

3. 防霧最重要

出入室外和室內時，溫差之大令鏡頭起霧，一旦霧化，可能幾小

時內都不能拍攝，所以進入室內前，必須把相機及鏡頭用密實袋
包好，再放入相袋內，入到室內時不要把器材長時間曝露暖氣環
景，應保存在相機袋內。

4. 預備足夠電池
寒冷天氣下，電池很快用完，建議多帶幾粒，戶外拍攝時，把後
備電池放入衫袋保暖，加一個暖包，使用時才裝到相機。手機亦
會因低温很快沒電，建議在機背貼上暖包，然後放入衫袋，用完
放回衫袋保暖。

5. 善用光源
白色的雪地是一張畫紙，任何陰影都會清楚地投影在雪上，尤其
側光和逆光最動人，構圖時多留意附近景物造成的光影，將會出
現相當有趣和充滿詩意的畫面。

6. 妙用閃燈
當飄雪徐徐落下，可試用閃燈凝住雪花，快的快門雪點呈圓形，
較慢快門則變成長形殘影，閃燈輸出不用太強，弱弱地稍作補光
便可。

2018
冰島
夢幻絕景

11 天
深度攝影之旅

流浪攝。
https://goo.gl/forms/
Lk6xmNKDmOQ3hnVH2

濾鏡 使用技巧

拍攝風景其實是一場光影遊戲，不同的光源和時間有不同的拍法，而正確使用濾鏡就是拍得好作品的不二法門。常用的濾鏡有 CPL 偏光鏡、ND 減光鏡、GND 漸變灰和光害濾鏡等，每一種都有其特性和效用，以下為大家詳細解釋。

CPL 偏光鏡

 使用場景：日景、日落、日出、花卉、湖水。

凡有光就有反射，陽光愈猛，反光愈大，景物表面會蓋上一片白光，使人看不見原來的顏色，例如石頭有反光，就看不到啡色，水面反光，也望不見水的清澈，這種情況在有水的環境最為明顯，而 CPL 的任務就是減除雜光，還原真實色彩，使畫面更立體更飽和，因為 CPL 能透過旋轉而改變入光角度，優質的偏光鏡透澈度更可達 90% 以上。

👍 H&Y HD CPL

CPL Before

CPL After

Night Filter 光害濾鏡

 使用場景：城市夜景、星空銀河、光污染環境。

光害濾鏡主要功能是減除人造光害，例如是城市夜景的燈光，而且對黃光紅光尤其顯著，連街燈和照到的範圍也有減光效果，以致不易爆光、拍出來的相片會較藍，所以白平衡不用調得太冷，視乎現場環境，建議 K 數約為 4000 到 5000。

👍 H&Y Night Filter

GND 漸變灰

 使用場景：日出、日落、光差大環境。

漸變灰主要平衡天空和地面的光差，拉近兩者光暗距離，例如日出和日落時份，天空光線十足，前景因背光顯得黑暗，漸變灰使天空沒有爆光，地面也不會過暗，因對著太陽拍攝，優質素材的漸變灰尤其重要，建議選用玻璃鏡片，因為膠片多有偏色，透徹度也不高，容易刮花，拍太陽時會出現令人討厭的弦光，嚴重影響相片質素。

👍 H&Y GND

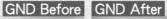
GND Before | GND After

ND Before

傳統設計和 H&Y 新系統的分別

傳統設計支架的方片是安裝在插槽內,並不能緊貼鏡頭,空隙容易漏光,更會出現反射和眩光,槽位日曬雨淋,常有變形和鬆脫,而 H&Y 卻打破傳統,以磁力緊緊攝住鏡片,不會有漏光情況,安裝和移除都十分便利。

一片鏡片,兩種功能

拍攝瀑布、流水和海浪最常用的濾鏡就是 CPL 偏光鏡和 ND 減光鏡,傳統的 CPL 和 ND 需要直接扭在鏡頭上,如有幾支不同直徑的鏡頭,就要多配幾片濾鏡,這不但浪費金錢,安裝和拆除也比較麻煩,拍攝瀑布的話,既要除雜光,亦要拖慢快門,兩片鏡同時裝在鏡頭上十分不便,而且黑角無可避免,鏡片之間又容易出現反射,直接影響相片質素。H&Y 插片式 NDCPL 濾鏡把這個問題解決了,一片鏡片,兩種功能,結合偏光和減光效果,配合專用磁力支架,使用輕鬆,濾鏡直徑比常用的 77mm 和 82mm 還要大,加上轉接環便可裝到不同直徑鏡頭上,快速便利。

ND After

兼容不同品牌

H&Y 兼容性強，不論你用哪個品牌的方片濾鏡，只要尺寸是 150 X 100 X 2mm 或 100 X 100 X 2mm，都能使用以上磁石產品，而且濾鏡套上磁石邊框後，保護性也大大增強。

極地使用心得

2017 年 11 月到冰島拍攝，帶了兩部相機，一套傳統支架濾鏡，另一套是 H&Y 磁石支架系統，因天氣十分寒冷，傳統的一套因冷縮熱脹而幾乎失效，不是裝得太緊，便是容易鬆脫，人的手腳僵硬，又戴上手套，操作上更加困難，而 H&Y 因為是後插入式和磁力設計，不受極端天氣影響，輕輕鬆鬆便可裝拆。

世界攝一圈　夢幻絕景
冰島
出走大世界　極地攝一圈

作者
流浪攝。

編輯
林榮生

美術設計
Carol Fung

出版者
萬里機構出版有限公司
香港鰂魚涌英皇道 1065 號東達中心 1305 室
電話：2564 7511　　傳真：2565 5539
電郵：info@wanlibk.com
網址：http://www.wanlibk.com
　　　http://www.facebook.com/wanlibk

發行
香港聯合書刊物流有限公司
香港新界大埔汀麗路 36 號中華商務印刷大廈 3 字樓
電話：2150 2100　　傳真：2407 3062
電郵：info@suplogistics.com.hk

承印
美雅印刷製本有限公司

出版日期
二零一八年七月第一次印刷

萬里機構

萬里 Facebook